ALBESTROFF

SIÉGE D'UNE CHATELLENIE

DE

L'ÉVÊCHÉ DE METZ

PAR

AUG. PROST

Membre de l'Académie impériale de Metz

METZ
TYPOGRAPHIE ROUSSEAU-PALLEZ, ÉDITEUR
LIBRAIRE DE L'ACADÉMIE IMPÉRIALE
Rue des Clercs, 14

1861

ALBESTROFF

SIÈGE D'UNE CHATELLENIE DE L'ÉVÊCHÉ DE METZ.

Au moyen âge la souveraineté des évêques de Metz s'étendait sur des territoires considérables. On ne voit pas sans étonnement à quelles proportions exiguës ce domaine était réduit lorsque, vers la fin du seizième siècle, les rois de France s'en emparèrent et le réunirent à leurs états. L'évêché avait été jusqu'alors membre de l'empire germanique dont Henri II, au temps de sa lutte avec Charles-Quint, s'était déclaré le protecteur contre l'empereur lui-même. Favorisée par les événements, la protection du roi était devenue peu à peu une souveraineté réelle dans l'évêché aussi bien que dans la cité de Metz ; mais la transformation ne s'était pas faite sans difficultés ; bien des résistances, bien des protestations, avaient ralenti sa marche avant que les faits accomplis fussent acceptés par tous et leurs résultats définitivement consacrés par une formelle reconnaissance et admis dans le droit public européen ; ce qui eut lieu en 1648 seulement, lors du traité de Westphalie.

Rappelons en passant que le temporel des évêques de Metz n'avait aucun rapport d'origine ni de développement avec le district de leur juridiction spirituelle. L'évêché et le diocèse étaient deux choses distinctes ; le premier n'embrassait pas l'ensemble des territoires qui formaient le second et il comprit souvent des domaines assez éloignés qui, pour le spirituel, dépendaient de diocèses étrangers. Le temporel de nos évêques était purement et simplement le corps des biens de leur église : les hommes et les choses de Saint-Étienne. Comme tous les riches patrimoines du temps, il contenait des domaines directs et des fiefs; des serfs et des vassaux; des villes, des villages, des châteaux, des terres, des eaux et des usines; des droits et revenus de toute espèce, dîmes, patronages d'églises, redevances seigneuriales, corvées, services féodaux; des cens et de simples rentes. Tout cela était épars dans des lieux parfois très-éloignés les uns des autres, comme il arrive tous les jours des diverses parties d'un domaine privé.

Dans le principe, les droits de l'Église n'avaient évidemment consisté qu'en une possession foncière, laquelle comprenait alors les hommes aussi bien que les choses. Une sorte de souveraineté venait parfois s'y joindre dans ces temps reculés, au profit de ceux qu'une délégation du prince en avait investis ou qui, à défaut de celle-ci, étaient assez hardis pour s'en saisir et assez forts pour la conserver; et elle entraînait dans une certaine mesure la distribution de la justice et la levée du tribut. Plus tard, au domaine direct ou foncier le régime féodal avait ajouté de nombreux services : redevances, obligations personnelles, devoirs de garde et autres; et surtout une mouvance ordinairement attachée à un château et dessinant, autour de lui, le district de la châtellenie. Tout cela, domaine direct [1], services féodaux et mouvance, formait, avec l'accompagnement d'une souveraineté plus ou moins réelle, un ensemble et comme un corps politique. Le temporel de l'évêché n'était pas autre chose. Cette constitution formée graduellement était depuis longtemps pleinement développée, quand, à la fin du seizième siècle, l'exercice de la souveraineté revendiqué par les rois de France en fut détaché pour toujours. Mais les droits fonciers et féodaux furent laissés avec une partie de la juridiction aux évêques qui en jouirent encore pendant près de deux cents ans, jusqu'à la grande confiscation qui les en dépouilla aussi à la fin du dix-huitième siècle.

Avant d'arriver à ce terme, les biens de l'Église de Metz avaient eu à subir de nombreux changements dans leur état. Successivement

---

[1] Le domaine direct attaché à un château ne comprenait pas nécessairement tous les fonds situés sur le territoire du lieu où il était assis. Pour ce qui concerne Albestroff, en particulier, d'autres que les évêques de Metz, nous le verrons, y avaient des possessions.

donnés et repris, aliénés par échange, par inféodation ou par engagement, ressaisis par retour féodal ou par rachat, perdus puis reconquis par les armes, divisés et ensuite reconstitués, partagés ou même abandonnés quelquefois sans retour, soumis enfin aux variations qui sont le fait des choses humaines, ils ne sortirent que fort amoindris de tant d'épreuves[1]. L'examen attentif de ces vicissitudes révélerait sans doute le secret de la décadence que nous avons signalée et ferait connaître les causes qui en ont décidé et qui ont contribué à diminuer graduellement, avant son complet anéantissement, la souveraineté temporelle de nos évêques; tandis que, à côté d'eux, des princes voisins, comme les ducs de Lorraine par exemple, réussissaient à donner à leurs possessions une extension et une cohésion qui en formaient, à la longue, des états considérables.

Pour faire ainsi l'histoire du temporel de l'Église de Metz, il faudrait peut-être étudier préalablement les faits particuliers relatifs à chacune des localités qui le composaient. Cette étude est malheureusement très-difficile. Bien des lacunes interrompent la série des documents qui pourraient l'éclairer ; bien des incertitudes embarrassent l'interprétation de ceux d'entre eux qui nous sont parvenus. J'ai réuni et je vais donner, dans cette notice, les renseignements que j'ai pu me procurer sur Albestroff, qui était le siége d'une des châtellenies de l'évêché, une de celles qui sont restées jusqu'à la fin du siècle dernier en sa possession.

---

[1] A l'époque de leur réunion à la France, les territoires qui composaient le temporel de l'évêché de Metz étaient distribués en dix châtellenies formant plusieurs groupes d'inégale étendue. Le principal, situé vers les sources de la Seille, comprenait les quatre châtellenies de Vic, de La Garde, de Fribourg et d'Haboudange ; un peu au sud et sur le cours supérieur des rivières de Meurthe et de Mortagne étaient les trois châtellenies vosgiennes de Baccarat, de Moyen et de Remberviller ; la châtellenie d'Albestroff était isolée au nord-est de Vic entre le cours de la Sarre et les sources de la Nied ; enfin à quelque distance se trouvait, sur cette dernière rivière, la châtellenie de Rémilly, et plus loin encore ce qu'on appelait les quatre mairies du val de Metz, formant une dernière châtellenie sur les rives de la Moselle. Vic était la capitale de ce petit état.

I.

Albestroff, domaine de l'Église de Metz. Origine du château. — Godmann de Torschwiller. Droits de l'abbaye de Hesse.

En descendant la Sarre, dont les eaux coulent à peu près du sud au nord et sont, comme on le sait, tributaires de la Moselle, le premier affluent de quelque importance qu'on rencontre sur la gauche est l'Albe. Albestroff se trouve dans l'angle méridional formé par ces deux rivières et à peu de distance de leur confluent. Le bourg est adossé à un pays montueux qui sépare les eaux de la Sarre et de l'Albe de celles de la Seille et qui a pour points culminants, à quelque distance vers le sud-ouest, les deux cimes de Montdidier (Diederberg) et de Marimont (Marienberg, Mœrsberg, Morsperg), celle-ci couronnée jadis par un château fameux qui n'existe plus. Le pays est boisé; ses parties basses étaient anciennement occupées par des étangs quelquefois considérables, aujourd'hui desséchés pour la plupart et convertis en prairies. Il est de plus coupé par de petits cours d'eau dont le principal, le Rodde, se rend dans l'Albe après avoir coulé parallèlement à la Sarre, entre cette rivière et Albestroff. C'est sur l'Albe, dans le voisinage du point où elle reçoit le Rodde, que sont groupés les neuf ou dix villages de l'ancien val de Guéblange qui, avec Hellimer, lieu situé à quelque distance vers le nord, a formé jusque dans les derniers temps le corps des dépendances domaniales de la châtellenie d'Albestroff.

Il n'est pas sans intérêt de faire remarquer que cette petite contrée est actuellement traversée, à peu près du sud-est au nord-ouest, par la ligne de séparation des deux langues française et allemande. On parle aujourd'hui le français à Albestroff, on parle l'allemand dans l'ancien val de Guéblange, et plus près encore d'Albestroff, à Insming et à Rening qui n'en sont distants que de quelques milliers de mètres. Ainsi, en partant de l'Albe pour rejoindre le ruisseau de Rodde, la ligne de démarcation entre les deux idiomes passe à l'ouest de Rening, d'Insming, de Wittersbourg, de Hunskirch, de Munster, de Lohr, villages de langue allemande; et à l'est d'Albestroff, de Torcheville (Torschwiller), de Guinzling, de Lostroff, qui sont tout voisins et où on parle aujourd'hui le français [1]. Les noms de ces lieux suffisent pour montrer qu'il n'en a pas toujours été ainsi et que la langue allemande, qui recule graduellement vers l'est, a été à une certaine époque usitée chez eux. Il en était vraisemblablement de même du pays compris dans la zone qui de ce point s'étend, à l'ouest, jusque vers Marsal et Moyenvic. En effet, dans cette région, les noms des villages et surtout ceux des confins ou subdivisions de leurs territoires, prouvent, par leurs formes presque exclusivement germaniques, que l'allemand a dû être à une certaine époque la langue de leurs habitants.

Le canton d'Albestroff a conservé de l'époque gallo-romaine les restes intéressants d'une ancienne voie qui le coupait du sud au nord en traversant la forêt de Lallewald. Cette route se dirigeait, à ce qu'il semble, du point actuel de Dieuze sur Faulquemont, et on la suit à travers les territoires de Bourgaltroff et de Rodalbe, à peu de distance au couchant d'Albestroff [2]. La vieille église ogivale de Munster est pour une autre époque le seul monument de cette petite contrée; quant à ses anciens châteaux, ils n'existent plus. Ceux de Marimont et de Torschwiller n'ont rien laissé, et on ne voit plus de celui d'Albestroff que quelques parties peu importantes; encore ont-elles perdu toute physionomie propre dans les arrangements modernes qui les ont transformées pour les besoins des possesseurs actuels. Parmi ces derniers restes on reconnaît cependant, outre les fossés qui enveloppaient le massif carré des anciennes constructions, une des quatre grosses tours qui le flanquaient, laquelle renferme le puits du château, et des murailles d'une épaisseur considérable sur le haut desquelles circule un chemin de ronde d'où l'on pouvait observer les environs et se défendre.

---

[1] Renseignements fournis par M. Bornert, propriétaire actuel du château d'Albestroff.

[2] C'est sans doute une partie de la voie romaine signalée par D. Calmet (notice de Lorr., t. I, col. 439) comme étant encore suivie de son temps par les voyageurs qui du pays de la Sarre se rendaient à Metz.

Ce château, dont l'origine est inconnue, datait, on a lieu de le croire, du commencement du treizième siècle au moins; ultérieurement il avait été, suivant la chronique des évêques de Metz, reconstruit dans la première moitié du quinzième par un de nos plus célèbres prélats, Conrad Bayer de Boppart. Le bourg à côté duquel il s'élevait, avait été comme lui entouré de fossés dont on retrouve encore aujourd'hui quelques traces; et dans les champs environnants on rencontre fréquemment, en remuant la terre, des fers de flèches et des boulets qui rappellent les destinées guerrières de la petite place.

M. Lepage[1] qui a entre les mains tant de documents relatifs à l'histoire de nos provinces, assigne à Albestroff, dans son *Dictionnaire géographique de la Meurthe*, les noms anciens d'Albertorff, Aubestorff et Alberstroff. Ce lieu dépendait pour le spirituel du doyenné de Morhange au diocèse de Metz. L'église est mentionnée dans une bulle de Léon IX, du milieu du onzième siècle (preuves : I), et le patronage en appartenait de toute ancienneté à l'abbaye de Hesse[2]. Il passa plus tard à celle de Haute-

---

[1] M. Lepage avait donné sur Albestroff un premier article dans son livre du *Département de la Meurthe*, imprimé en 1843 ; il l'a depuis lors refondu et beaucoup augmenté pour l'ouvrage publié par lui en 1853, sous le titre : *Les Communes de la Meurthe*. Ce travail m'a été très-utile. Mais l'auteur, à qui j'en dois mes remerciements, m'a rendu un plus grand service encore, en me faisant connaître les pièces relatives à Albestroff qui se trouvent aux archives de la Meurthe dont il est le conservateur, notamment les anciens titres de la châtellenie qui y forment un petit fonds de quatre-vingt dix-huit numéros ; trois de ces titres sont du quatorzième siècle, six du quinzième, sept du seizième ; le reste appartient aux dix-septième et dix-huitième siècles.

[2] L'abbaye de Hesse était à cinq ou six lieues au sud d'Albestroff, sur la rive droite de la Sarre et très près de Sarrebourg. C'était une communauté de femmes de l'ordre de Saint-Benoit, qui subsista jusque vers le milieu du quinzième siècle. A cette époque, le relâchement puis le désordre s'y étant introduits, les religieuses, réduites à un très petit nombre, abandonnèrent la maison et se dispersèrent. L'abbaye fut unie à la collégiale de Sarrebourg, mais les biens avaient été en partie vendus et dissipés ; ce qui restait suffisait à peine pour couvrir les charges. Le chapitre de Sarrebourg renonça en 1465 à l'union ; quelque temps après (vers 1482), l'ancienne abbaye de Hesse fut transférée aux chanoines réguliers de Saint-Augustin de la congrégation de Windelsheim. Ceux-ci ne purent pas non plus la conserver ; et en 1575 elle fut définitivement

Seille et enfin en dernier lieu aux évêques de Metz. Ceux-ci étaient uniques collateurs à Albestroff, suivant D. Calmet, qui nous apprend aussi que l'église était sous l'invocation de saint Adelphe, et que dans les environs, une petite chapelle dédiée à sainte Anne et fondée par la famille des Brulland et des Torlotin, était un lieu de pèlerinage en crédit dans le pays.

On a dit que le château d'Albestroff avait appartenu à l'abbaye de Hesse ; c'est là une erreur que M. Lepage a déjà signalée dans son ouvrage des *Communes de la Meurthe*, et dont j'essaierai plus loin de montrer l'origine. L'abbaye de Hesse paraît seulement avoir eu très anciennement à Albestroff des possessions assez considérables dont elle se vit peu à peu presqu'entièrement dépouiller et qu'elle revendiquait au commencement du quatorzième siècle (preuves : VII et IX). La collégiale de Hombourg [1] y avait de même quelques biens qu'elle avait reçus en 1256 de l'évêque de Metz, Jacques de Lorraine (preuves : III et IV), et le prieuré d'Insming (Amange) [2] en possédait également qui lui appartenaient encore au dix-septième siècle. D'autres avaient probablement aussi des domaines dans le même lieu. Citons comme exemple la famille de Heringen qui,

---

incorporée à l'abbaye de Haute-Seille, maison d'hommes de l'ordre de Citeaux qui était dans le voisinage, à deux ou trois lieues vers le sud. La nomination à la cure d'Albestroff, ayant appartenu à l'abbaye de Hesse, suivit vraisemblablement le sort des anciennes dépendances de cette maison, transmises successivement de celle-ci à la collégiale de Sarrebourg, puis aux chanoines Augustins de la congrégation de Windelsheim, et enfin à l'abbaye de Haute-Seille.

[1] La collégiale de Hombourg avait été fondée, au milieu du treizième siècle, par Jacques de Lorraine, évêque de Metz. Il la dota vraisemblablement en partie avec des biens de son église ; c'est probablement ainsi qu'il lui donna, en 1256, la moitié du moulin et de l'étang d'Albestroff. Hombourg était au reste assez éloigné de ce dernier lieu, sur le cours de la Rosselle, entre Saint-Avold et Forbach.

[2] Le prieuré d'Insming (Asmingia, Amange), dépendant de l'abbaye de Saint-Mihiel, avait son siège très près d'Albestroff où il possédait quelques revenus. Il était situé entre ce bourg et le val de Guéblange, dans lequel il avait aussi des biens, à Kinger et à Hazembourg. Il en avait également dans le voisinage à Reuing, à Nelling, à Wittersbourg, à Hunskirch, à Hellimer, à Diffembach.

au quinzième siècle, y tenait, par héritage des Morsperg, un franc-alleu sur lequel un de ses membres constitua en 1471 un fief sous la mouvance de l'évêché de Metz. Quant à nos évêques, leurs droits à Albestroff étaient très-anciens et, au treizième siècle quand nous commençons à les reconnaître, ils y semblent prépondérants et plus considérables que ceux de qui que ce soit.

On ne sait rien de l'origine des droits des évêques de Metz à Albestroff ni de l'époque à laquelle ils remontent. Ils avaient probablement pour principe quelque pieuse donation faite à leur église et développée graduellement par les empiétements et l'extension qui sont dans les tendances naturelles d'un possesseur puissant, et par tout ce que le régime féodal ajouta successivement aux conditions primitives de la propriété purement foncière. La souveraineté qui était le principal attribut de cet état domanial fut confisquée au dix-septième siècle par le roi, mais les revenus fonciers et féodaux et certains droits de juridiction restèrent aux évêques pendant longtemps encore. C'étaient des redevances, des cens, des rentes, des services variés, des produits d'amendes et d'impôts. A Albestroff comme dans tout l'évêché la plupart étaient livrés sous forme d'admodiation à des fermiers. Nous avons encore aujourd'hui beaucoup de titres relatifs à ces divers objets. Les archives de la Meurthe renferment les plus anciens. On y trouve d'abord, sous la date de 1478, un état des cens, usages, coutumes et droitures appartenant au château d'Albestroff (preuves : XLIX) et un règlement du 5 septembre 1564, fait par l'évêque de Metz, touchant les corvées et les usages du lieu (preuves : LXV), puis un assez grand nombre de pièces des seizième, dix-septième et dix-huitième siècles, qui contiennent des états, inventaires et dénombrements, des terriers, des règlements, baux et admodiations et enfin quelques dossiers de procédures administratives. Les archives de la Moselle possèdent aussi dans le fonds de l'évêché un certain nombre de documents du même genre (preuves : passim).

Le dépouillement de ces titres fournirait un tableau plus ou moins complet des droits dont jouissaient à Albestroff les évêques de Metz. On y verrait, par exemple, que les habitants, outre la garde du château et son entretien, devaient des charrois de bois par corvées pour son approvisionnement et pour les réparations à faire aux étangs; qu'ils étaient tenus aussi de couper, faner et mettre en grange l'herbe des prés seigneuriaux; que le maire et la justice du lieu s'y assemblaient tous les samedis pour siéger, après avoir appelé le châtelain de l'évêque, qui au reste devait respecter leur juridiction (preuves : LXV). Les habitants d'Hellimer étaient encore, à la fin du dix-septième siècle (1672), astreints aux réparations d'Albestroff (preuves: CVII), et primitivement tous les sujets de la châtellenie devaient contribuer à ces travaux comme à la garde du château (preuves : CXII); ces obligations avaient été rachetées dans les derniers temps au prix de certaines rentes (preuves: LXXI et CXLIII); au seizième siècle (1590) les sujets du val de Guéblange payaient à Albestroff cette redevance pour la garde, et au dix-huitième (1736) ils y devaient encore des corvées (preuves : LXXI et CXXXI). Suivant une ancienne tradition rapportée par M. Lepage d'après le curé de Virming, quand les évêques de Metz venaient à Albestroff, les habitants étaient astreints à battre, pendant la nuit, l'eau de l'étang voisin pour en écarter les grenouilles et assurer ainsi le repos du prélat qui payait, dit-on, cette servitude de l'abandon d'une partie de ses droits.

En parlant tout à l'heure des droits des évêques de Metz sur Albestroff, nous avons dit qu'on ne pouvait faire que des conjectures sur leur origine, et qu'on ne savait pas à quelle époque ils remontaient. On ignore même dans quel temps le château a été primitivement construit. Nous n'avons pour ce qui le concerne aucun renseignement antérieur à un document qui appartient à la première moitié du treizième siècle seulement, mais qui indique lui-même un passé dont il faut tenir compte ; c'est une lettre du mois de janvier 1225 (1226 nouv. style) (preuves : II), par laquelle l'évêque Jean d'Apremont engage Haboudange pour une somme de 250 livres qu'il voulait, est-il dit, appliquer aux réparations de Remberviller et d'Albestroff. Pour exiger alors des réparations, le château d'Albestroff devait sans doute être déjà assez ancien à cette date. Telle est la conséquence qui ressort sur ce point du titre de 1225. Une autre pièce moins ancienne, une lettre de 1331 de l'évêque Adhémar (preuves : IX), ne permet pas de douter que le château d'Albestroff n'ait été construit par les évêques de Metz; c'est là tout ce que nous pouvons dire de ses commencements.

Après la courte indication qui se rapporte à l'année 1225, nous en trouvons une de 1256 relative à une donation faite par l'évêque Jacques de Lorraine, de la moitié qu'il possédait dans le moulin et dans l'étang d'Albestroff au profit du chapitre qu'il venait d'établir à Hombourg (preuves : III et IV). Nous n'avons plus ensuite pendant longtemps, pour ce qui concerne ce domaine des évêques de Metz, que quelques renseignements sur les concessions féodales et les engagements dont il est l'objet à diverses reprises, et sur certains faits qui sont la conséquence de ces actes ou qui s'y rattachent. Leur étude jette quelques traits de lumière sur le régime social de ces temps éloignés. Il n'est pas sans intérêt de s'y arrêter en passant. Le premier que nous rencontrions appartient à la fin du treizième siècle.

En 1296, l'évêque de Metz, Bouchard d'Avennes, donnait, du consentement de son chapitre, le château et la fermeté de la ville d'Albestroff, domaines de son église, avec tous les droits et dépendances qui y appartenaient, à Godmann de Torschwiller chevalier [1], pour les tenir sa vie durant à condition qu'à sa mort l'église de Metz rentrerait en leur possession. Nous trouvons dans un cartulaire du quinzième siècle, de l'évêché de Metz, les lettres réversales données à cette occasion, en juin 1296, par le sire de Torschwiller [2] (preuves : V). Il n'y est rien dit des causes ni des conditions de cette investiture. De semblables concessions étaient souvent plus ou moins imposées à l'Église par la violence ; mais l'évêque Bouchard, qui occupait alors le siège de Metz, était un prélat guerrier qui n'aurait pas reculé devant l'emploi des armes pour défendre ses droits et qui le fit souvent avec succès contre quelques-uns de ses plus puissants voisins. Il est donc permis de croire que, dans cette circon-

---

[1] Voir à l'appendice : *Torschwiller*.

[2] « Ego Godemannus de Dorswilre miles notum facio... quod ego confiteor... me... tenere, ad vitam meam duntaxat castrum et fortalicium ville de Albestorff pertinens ad ecclesiam... Metensem, pleno jure cum... omnibus juribus et pertinenciis, a domino Bouchardo... Metensi episcopo... assensu... capituli ecclesie Metensis mihi collatum... ad vitam meam. Dat. anno... 1296 mense junii. »

stance, la cession du château d'Albestroff, si elle n'était pas simplement la conséquence d'un marché à prix d'argent, comme on en voyait parfois alors pour de pareilles fins, était l'acquittement de quelqu'obligation souscrite par l'évêque, peut-être le paiement de services militaires reçus par lui de Godmann de Torschwiller dans une de ses expéditions. Il y a lieu de rappeler ici que Godmann tenait en même temps de l'évêché de Metz le château de Hombourg, et qu'il l'avait reçu en gage pour avoir répondu de certaines dettes contractées par le prélat. Cette circonstance nous est révélée par l'acte de rachat de cet engagement, en 1298, lequel est conservé dans le même cartulaire que la lettre de 1296. La concession du château d'Albestroff au sire de Torschwiller pouvait bien avoir une cause analogue à celle de l'engagement qui lui avait été fait de Hombourg.

Bouchard d'Avennes mourut en novembre 1296, cinq ou six mois après avoir livré le château d'Albestroff à Godmann de Torschwiller. Celui-ci survécut de quelques années au prélat. Conserva-t-il jusqu'à sa mort, suivant les conditions de son investiture, l'important domaine qui lui avait été abandonné? On pourrait penser qu'il en fut autrement, car Godmann vivait encore au commencement du quatorzième siècle, et à la date de 1298 le père Benoit, dans son histoire manuscrite de Metz, cite, comme existant aux archives de la chancellerie de Vic, une lettre par laquelle Conrad de Réchicourt chevalier, Godefroy d'Ottinville et Isambert d'Oriocourt, déclaraient avoir reçu de l'évêque Gérard de Relange, successeur de Bouchard, 500 livres messines pour lesquelles ils s'engageaient à faire un mois de garde par an au château d'Albestroff (preuves : VI). Ces arrangements sembleraient impliquer que lorsqu'ils furent pris, en 1298, le château d'Albestroff n'était plus entre les mains de Godmann de Torschwiller, mais dans celles de l'évêque de Metz. Cependant, comme il y a quelque raison de croire, d'après d'autres indications, que le sire de Torschwiller tenait encore Albestroff à l'époque de sa mort, dans les premières années du quatorzième siècle, il est vraisemblable que l'abandon viager qui lui en avait été fait, en 1296, eut son plein effet, et que les obligations contractées en 1298 par les trois gentilshommes que nous venons de nommer ont tout simplement le caractère d'une soumission féodale payée argent comptant. Celle-ci aurait été seulement, suivant l'usage du temps, rattachée à un château par l'obligation d'y faire la garde pendant un certain nombre de jours, chaque année, à la volonté du seigneur, c'est-à-dire quand il en aurait besoin, et, pour le cas particulier d'Albestroff, quand ce domaine aurait, aux termes de la cession de 1296, fait retour à l'église de Metz, par suite de la mort de son détenteur.

Le titre de 1298, qui existait jadis aux archives de la chancellerie de Vic et que nous ne connaissons que par la trop brève analyse du père Benoit, aurait sans doute par sa teneur éclairé la question qu'il soulève. Il nous aurait vraisemblablement offert des termes analogues à ceux d'une pièce du même genre (preuves : VIII), dans laquelle, en 1316, Heneman de Morsperg écuyer, reconnaît qu'il devient homme-lige de l'évêque de Metz, moyennant qu'il tiendra le moulin de Hellimer avec ses dépendances, et déclare en même temps que lui et les siens devront, comme condition de cette tenure, douze semaines de garde par an dans la fermeté de la ville d'Albestroff à la volonté de l'évêque. La garde est une des formes de service féodal le plus ordinairement spécifiées chez nous dans les lettres de soumission ou d'investiture de ce temps.

J'ai dit tout à l'heure que Godmann de Torschwiller mourut dans les premières années du quatorzième siècle seulement, et qu'on a lieu de croire qu'il conserva jusqu'à la fin de sa vie le château d'Albestroff. L'époque précise de sa mort ne nous est pas connue, il est vrai; mais nous savons qu'elle est postérieure au 15 mars 1301, date d'un accord passé entre lui et le duc de Lorraine[1], et qu'elle est d'un autre côté antérieure à une certaine lettre (preuves : VII) où Godmann est mentionné par l'évêque de Metz, dans des termes qui indiquent clairement qu'il n'existait plus, qu'il était mort depuis peu de temps seulement, et qu'il avait dû tenir Albestroff pendant toute sa vie[2].

---

[1] 15 mars 1300 (1301 nouv. style), Godmann de Torschwiller chevalier, fait un accord avec Ferry, duc de Lorraine, touchant la cour de Bispingen (du Fourny, invent. des tit. de Lorr., II, 885).

[2] « Cùm nuper...Dominus Godemannus de Dorsswiler miles quondam qui castrum predictum (Albestroff) tenuerat ad vitam suam. (Preuves : VII).

Godmann de Torschwiller est donc mort entre le 15 mars 1301 et la date de cette lettre, dont nous n'avons malheureusement qu'une copie défectueuse. C'est un vidimus de 1494 dans lequel le titre est attribué à l'évêque Gérard et daté de 1313. Il y a là une erreur, mais il n'est pas impossible de la rectifier avec une certaine probabilité.

Le millésime de 1313 est évidemment faux, si la lettre est de l'évêque Gérard, qui était mort dès l'an 1302. D'un autre côté cette lettre n'a pu être écrite qu'après le 15 mars 1301, puisqu'elle mentionne, comme étant mort, Godmann de Torschwiller qui, à cette date, nous l'avons dit plus haut, vivait encore. Nous ajouterons que la pièce porte, avec le millésime, l'indication de la cinquième férie après Reminiscere, c'est-à-dire du jeudi après le deuxième dimanche de Carême, et que ce jeudi tombait le 2 mars en l'année 1301. Mais cette dernière date ne convient pas à la lettre de l'évêque Gérard, puisque celle-ci est nécessairement postérieure au 15 mars 1301. Le titre n'est donc pas de 1301; il est plus récent, et il ne peut dès lors appartenir qu'à 1302, parce que, dans le courant de cette année, l'évêque Gérard, de qui il émane, mourait lui-même [1]. Or, en 1302, le jeudi après le deuxième dimanche de carême, tombait le 22 mars. Le 22 mars 1302 (1301 anc. style), serait donc dès lors la

---

[1] La date précise de la mort de l'évêque Gérard de Relange a, comme on le voit, beaucoup d'importance ici. Nous n'aurions pas à nous y arrêter si nos historiens étaient d'accord entre eux dans sa détermination; mais il n'en est pas ainsi. Meurisse la fixe au 30 juin 1301; le père Benoit adopte pour elle le même terme; les Bénédictins, auteurs de l'*Histoire de Metz*, la rapportent au 30 juin 1302, sans nous dire sur quoi ils fondent leur opinion à cet égard. Quant à Meurisse, il avait, dit-il, emprunté la date du 30 juin 1301 à la chronique manuscrite des Célestins de Metz que nous ne possédons plus. Aucun des documents historiques de ce genre qui nous sont parvenus ne fournit de date pour la mort de Gérard de Relange, sauf un exemplaire manuscrit de notre chronique des évêques qui indique, sans millésime du reste, celle du 25 janvier. Cet exemplaire est une copie du dix-septième siècle, qui se trouve à la bibliothèque impériale (Baluze, Arm. II, paq. 5, n° 2) et qui reproduit pour nous un manuscrit de la fin du quatorzième siècle, car la chronique qu'elle nous donne s'arrête à l'évêque Pierre de Luxembourg (1384). En présence de ces indications contradictoires,

date qu'il faudrait assigner au titre revêtu dans son vidimus de celle de 1313, et dans lequel l'évêque Gérard fait connaître que Godmann de Torschwiller, ancien détenteur d'Albestroff, étant mort, ce château est depuis peu revenu dans ses mains.

Nous avons raisonné sur l'hypothèse que dans la lettre où il est parlé de la mort de Godmann de Torschwiller, et dont nous n'avons qu'un vidimus incorrect, l'inexactitude porterait sur la date de la pièce. Si au lieu de cela elle portait sur le nom de l'Evêque à qui on doit l'attribuer, il faudrait, en conservant la date du jeudi après Reminiscere 1313 (7 mars 1314, nouv. style), substituer sur le titre, au nom de Gérard de Relange (Geraldus), celui de son successeur, Renaud de Bar (Renaldus). La date de la mort de Godmann se trouverait dès-lors reculée, d'après la teneur de la lettre jusque vers 1314. Nous avouerons que, des deux rectifications entre lesquelles il faut choisir pour le titre que nous considérons, la seconde nous semble la meilleure ; car l'erreur sur le nom nous paraît plus probable

---

on est heureux de pouvoir s'appuyer sur deux titres positifs signalés pour la première fois par M. le baron de Salis. L'un, qui existe en original aux archives de la Moselle (Semin. Saint-Simon), est une charte de l'évêque Gérard lui-même, pour le chapitre de Hombourg, sous la date du 19 avril 1302 (*dat. anno Domini 1302 feriâ quintâ ante pascham*) ; l'autre, au grand cartulaire de Saint-Arnould (autrefois chez M. de Chazelle, aujourd'hui chez M. G. Charleuer), est le vidimus d'une charte pour la cure de Tincry, donné par l'official de Metz, le 10 juillet 1302, le siége épiscopal étant vacant par suite de la mort de l'évêque Gérard. (*Sede vacante... anno Domini 1302, feriâ tertiâ post octav. bb. Petri et Pauli, app.*) La date de la mort de l'évêque Gérard de Relange est ainsi, on le voit, enfermée entre les deux termes du 19 avril et du 10 juillet 1302, et il y a beaucoup de probabilité pour que ce soit celle du 30 juin 1302, donnée par les Bénédictins, auteurs de l'*Histoire de Metz*. Nous ferons remarquer en passant que la charte de l'évêque Gérard, qui porte la date du jeudi avant Pâques (19 avril) 1302, rapprochée du vidimus de l'official qui indique la mort de l'évêque comme étant antérieure au 10 juillet 1302, montre qu'à cette époque, à Metz, l'année commençait avant Pâques ; car, si elle avait commencé à Pâques seulement, le jeudi avant Pâques 1302 rejeté dans les derniers jours de l'année, serait tombé en réalité en 1303 (nouv. style) ; or, une charte de l'évêque Gérard ne peut pas être de 1303, puisqu'il était mort avant le 10 juillet 1302.

que celle sur le millésime dans le vidimus de 1494. Voilà sur quel ensemble de considérations se fonde la probabilité que Godmann de Torschwiller chevalier, qui avait reçu Albestroff à titre viager, l'a conservé en effet jusqu'à sa mort, aux approches de 1302, ou plus vraisemblablement de 1314.

La lettre de l'évêque de Metz consacrait la restitution qu'il faisait à l'abbaye de Hesse de ses possessions d'Albestroff, après la mort de Godmann de Torschwiller, engagiste du château épiscopal situé dans le même lieu. Godmann avait, à ce qu'il paraît, joui également des biens de l'abbaye. Nous ne savons pas à quel titre il les occupait, et les termes de la lettre qui en parle n'impliquent pas nécessairement que cela ait été le fait d'une usurpation. En tout cas, cet état de choses ne devait pas, à ce qu'il semble, lui survivre. Cependant l'évêque, rentrant en possession du château engagé, avait ressaisi, en même temps que son propre domaine, celui de l'abbaye confondu avec lui entre les mains du précédent détenteur. Reconnaissant ensuite son erreur, le prélat restituait ce qui ne lui appartenait pas et rendait à l'abbaye ses dîmes, ses terres et ses maisons [1]. Ce titre nous ramène à l'examen de ce qui constituait les droits et possessions de l'abbaye de Hesse à Albestroff.

Dès le milieu du onzième siècle, une bulle donnée par le pape Léon IX à l'abbaye de Hesse pour la confirmation de ses

---

[1] « Nos Geraldus (Renaldus ?)...Met. Eps. cunctis notum facimus...quod cum
» nuper castrum nostrum de Albestorff ad manus nostras venerat in cujus villâ
» plures possessiones decimarum prediorum et domorum abbatissa et conuentus
» de Hesse...Sibi vindicabant et eas ad se...esse dicebant. Verum quia Domi-
» nus Godemannus de Dorsswiler miles quondam qui castrum predictum te-
» nuerat ad vitam suam predictas res possederat, credebamus in eisdem jus
» nobis competere et eas in manibus nostris posuimus et tenuimus. Quia tùm
» finaliter comperimus quod possessiones...predictas veraciter ad predictum
» monasterium de Hesse pleno jure spectabant, abbatissam et conuentum ad
» predictas possessiones petitâ eciam veniâ ab eis et obtentâ...restituimus...
» mandantes...officialis nostris quod abbatissam et conuentum de predictis
» possessionibus et rebus grangiis domibus prediis et decimis ex nunc...liberè
» et quietè gaudere permittant...Datum anno Domini millesimo trecentesimo
» tercio decimo quintâ feriâ post dominicam quâ cantatur reminiscere.
» (Preuves : VII.)

biens mentionnait déjà ceux qu'elle avait à Albestroff où elle possédait alors, y est-il dit en peu de mots, la moitié de la villa et l'église tout entière avec le droit de présentation (preuves: I). La lettre de 1314 n'est guère plus explicite que la bulle du onzième siècle et ne désigne qu'en termes généraux les droits de l'abbaye qu'elle concerne ; mais une pièce ultérieure nous donne à cet égard des indications plus satisfaisantes. C'est une charte de l'évêque Adhémar de Montil en 1331 (preuves : IX), dans laquelle nous trouvons une énumération détaillée des droits et possessions de l'abbaye de Hesse à Albestroff et la connaissance de deux particularités intéressantes : la première c'est que, malgré la restitution de 1314, l'abbaye était encore, en 1331, privée de la jouissance de ce domaine ; la seconde, c'est que, longtemps avant Godmann de Torschwiller, ces biens avaient été l'objet de divers empiétements. On y voit en effet qu'à l'époque où le château d'Albestroff avait été élevé par les évêques de Metz, quelque héritage appartenant aux religieuses de Hesse avait bien pu être envahi par cette construction, et que, en tout cas, l'abbaye avait reçu de ce fait, dans l'exercice de ses droits, une atteinte en compensation de laquelle une rente annuelle de quarante livres messines lui avait été assignée. Ultérieurement elle avait perdu la jouissance de cette rente et elle en demandait, en 1331, le rétablissement à défaut d'être réintégrée dans ses anciennes possessions. L'évêque avait délégué deux commissaires pour faire la vérification des droits de l'abbaye, et leur rapport avait été favorable à ses réclamations ; mais le prélat n'avait cependant pas jugé à propos de restituer les biens ni de rétablir la redevance ; et il s'était contenté de donner, en remplacement, aux religieuses de Hesse une chapelle dédiée à saint Nicolas, dans la forêt de Meterswald, avec ses dépendances. Il leur conservait du reste, en même temps, le patronage de l'église d'Albestroff qu'elles avaient de toute ancienneté. Ces arrangements forment l'objet principal de la charte de 1331. J'ai dit que, indépendammment de leur connaissance, ce titre nous donne encore des notions détaillées sur les droits et possessions qui constituaient le domaine de l'abbaye à Albestroff. C'était une cour (*curia*) située devant le château, avec les édifices et les terres qui en dépendaient ; deux parts dans les dîmes avec le patronage de l'église ; la moitié dans le ban, dans les eaux et dans les bois ; le droit de faire un maire, des échevins, des forestiers et autres officiers ; celui enfin d'exercer une juridiction, de soumettre certains habitants à divers services et corvées, et d'exiger du prieur d'Insming, outre quelques travaux de culture sur ses terres, le gîte, tous les trois ans, pour l'abbesse accompagnée de treize personnes avec leurs chevaux [1].

---

[1] « Ademarius...Metensis Episcopus ad universorum noticiam...deducimus
» quod cum frequenter querelis...abbatisse et conuentûs...de Hesse...pul-
» sati fuerimus super eo quod per nos seu officiatos nostros possessiones
» redditus et jura ad se et suum monasterium pertinentes et pertinentia...
» in villâ seu castro nostro de Aubestorf banno et finagio ejusdem loci...
» detinebamus seu mandaueramus detineri...nobis supplicantes ut... de
» predictis...sibi restitui faceremus...seu sibi quadraginta libras metensium
» denariorum singulis annis pro recompensatione...arendationis seu locationis
» nomine solueremus...sicut predecessores nostri post edificium completum
» predicti castri de Aubestorf eisdem soluerant...supplicationi dictarum
» annuentes...precepimus magistro Guillermo dicto Beeferre et domino Petro
» dicto Sigillifero canonico nostro metensi ut super predictis...inquirerent...
» Relacione ab ipsis...nobis...factâ comperimus...ad ipsas...pertinere debere...
» et pertinuisse...ab antiquo ; Curia sita ante castrum de Aubestorf cum
» suis edificiis contiguo et adjacentibus et pertinenciis ibidem videlicet
» in finagio dicti loci tam in terris seu agris quam broliis seu pratis. Dino-
» scuntur etiam pertinere...ad predictas...due partes decimarum cum jure
» patronatûs Ecclesie parochialis ejusdem ; Item media pars banni, media
» pars aquarum et discursus earumdem, et media pars siluarum. Dinoscuntur
» etiam habere potestatem faciendi villicum scabinos forestarios et alios
» officiatos, et plura alia jura tam in juridictione et districtu quam etiam in
» aliis juribus et servitutibus ut pote quia tenentur incole dicti loci qui ascripti
» sunt bonis ipsius monasterii arare seu colere croadas pertinentes ad pre-
» dictas... in banno et finagio de Aubestorff et locis viciniis, singulis annis ter
» in anno et eas extirpare. Item tenentur colligere fenum bruliorum...et
» singuli corumdem incolarum facere unam vecturam de broliis ipsarum
» religiosarum ad curiam suam quam habent in Aubestorff cum aliis serviciis
» debitis et consuetis ab antiquo...Item prior de Esmiga (Insming) tenetur...
» ter in anno...ministrare bonum aratrum...ad culturam croadarum ipsa-
» rum..., in banno et finagio de Aubestorff ; et tenetur etiam ministrare semen
» competens...ad seminandum unum jornale. Item tenetur dictus prior...
» recipere...abbatissam de tertio anno in tertium annum cum equiturâ tredecim
» equorum et totidem personarum...cum quibusdam aliis juribus et serviciis
» et consuetudinibus...Verum cum propter vicinitatem municionis castri nostri
» de Aubestorff...officiati nostri in dicto castro...redditus supradictos et omne

Pour revenir à la prétendue possession du château d'Albestroff par l'abbaye de Hesse, dont j'ai parlé précédemment, et pour indiquer, comme je l'ai annoncé, la source probable de l'opinion erronée qu'on a pu se faire à cet égard, je dois ajouter à ce qui précède l'examen de ce qu'on trouve dans l'inventaire des titres de Lorraine par du Fourny, touchant la charte de 1313 (1314). Voici dans quels termes est conçue l'analyse qu'il en donne : « 1313 — vidimus (du 9 janvier 1494) des lettres de Gérard, » évêque de Metz, que comme n'a guerre le chasteau d'Albestroff » soit venu en ses mains auquel l'abbesse et couvent de Hesse » prétendait avoir plusieurs biens, et d'autant que feu Erdman » de Dorsewiller chl^r, qui tenoit le dit chasteau jouissoit » des dits héritages, le dit évêque s'en étoit mis en possession » comme à luy appartenants, mais depuis, ayant reconnu qu'ils » appartenoient à la dite abbaye, il (les) leur avait rendu, voulant » qu'à l'avenir ils en jouissent. Fait la cinquième férie après » *Reminiscere*. » Je ne répéterai pas ce que j'ai dit précédemment de ce document à propos de sa date et du nom de l'évêque auquel il est attribué ; je ne m'arrêterai pas non plus au nom d'Erdman qui, dans l'analyse, est substitué à celui de Godmann pour désigner le détenteur du château d'Albestroff ; il n'y a dans tout cela que des erreurs de copiste ; mais je signalerai les termes étranges dans lesquels la table de l'inventaire mentionne cette analyse, assez exacte du reste, empruntée au corps de l'ouvrage.

On lit dans cette table : « 1313 — Le château d'Albestroff, » usurpé par Erdmann de Torschwiller, est rendu par Gérard, » évêque de Metz, à l'abbaye de Hesse, à qui il appartenoit. » Outre que l'analyse à laquelle renvoie cet article ne dit rien de semblable, on peut constater dans ce peu de mots deux graves inexactitudes qui prouvent que la table de l'inventaire de du

---

» commodum possessionum et jurium...suum ad usum expendentes et muni-
» cionis ipsius castri.. perceperint...indempuitati prouidere curauimus. Ita
» quod nos domum capelle Beati Nicolai in siluà dictà Meterswaldt cum suis
» pertinenciis et juribus...cunfferimus per presentes, jure etiam patronatûs
» ecclesie parochialis de Aubestorff predictis...reseruato... Actum apud Vicum
» castrum nostrum...anno domini millesimo trecentesimo tricesimo primo
» die veneris post fest. nativit. b. marie virg. glor. (Preuves : IX).

Fourny a été faite avec peu de soin. Ainsi, bien loin qu'Erdman ou plutôt Godmann de Torschwiller ait usurpé le château d'Albestroff, il le tenait très-régulièrement, en vertu de la cession que lui en avait faite l'évêque Bouchard en 1296 ; en second lieu, il ne s'agissait nullement, en 1314, de rendre à l'abbaye de Hesse le château d'Albestroff qui ne lui appartenait pas, mais seulement de la remettre en possession de certains héritages situés dans le même lieu et des droits qui y étaient attachés. C'est, sans aucun doute, cette table très-fautive qui a induit en erreur ceux qui ont dit que le château d'Albestroff avait appartenu à l'abbaye de Hesse, et qu'il avait dû lui être rendu après la mort du sire de Torschwiller qui l'aurait usurpé.

Quels qu'aient été à Albestroff les droits de l'abbaye de Hesse et les empiétements dont ils avaient pu être l'objet, il paraît constant que ce lieu était le siége d'un des anciens domaines des évêques de Metz, et que le château avait été construit par eux. Nous le voyons, dès l'année 1225, entre leurs mains ; il y était vraisemblablement déjà longtemps auparavant ; ultérieurement il en est sorti quelquefois, il est vrai, mais d'une manière purement temporaire, comme, par exemple, quand Bouchard d'Avesnes le donna, à titre viager, à Godmann de Torschwiller. On peut donc affirmer que depuis le commencement du treizième siècle, au moins, Albestroff a toujours été, à quelques interruptions près, possédé par nos évêques ; au dix-septième et au dix-huitième, il figure encore parmi les derniers débris de l'antique patrimoine de leur église.

II.

Les engagistes du château d'Albestroff de 1344 à 1422. — La guerre des Fénestrange, 1348-1349 ; et celle des Bayer, 1388-1392. — Le sous-engagement au bâtard de Salm, 1413. — Le fief des Heringen, 1471.

Le château d'Albestroff, aliéné en 1296, revenu ensuite entre les mains des évêques de Metz au commencement du quatorzième siècle, y était encore, nous l'avons reconnu, en 1331. Quelques années plus tard il en était sorti de nouveau.

Nous ne savons ni à quelle date précise, ni au profit de qui, ni à quelle occasion cela eut lieu. Après Gérard de Relange et Renaud de Bar, les évêques Henri Dauphin, Louis de Poitiers et Adhémar de Montil s'étaient succédé sur le siége de Metz. Nous voyons ce dernier, le 24 août 1344, s'engager envers Raoul, duc de Lorraine, à faire tous ses efforts pour recouvrer la châtellenie d'Albestroff et promettre de la lui donner, avec toutes ses dépendances, au lieu de celle de Turkestein, qu'aux termes d'un traité signé la veille sur l'arbitrage du roi de Bohême, il devait lui livrer à titre d'engagement (preuves : X). Turkestein était alors retenu par le comte de Deux-Ponts, et ne pouvait pas, à ce qu'il semble, être immédiatement mis entre les mains du duc Raoul. La remise d'Albestroff présenta aussi des difficultés, et le 29 septembre suivant, l'évêque Adhémar, par suite d'une combinaison nouvelle, mit enfin le duc en possession, non d'Albestroff qu'il n'avait pas à ce qu'on peut croire à sa disposition, mais de Fribourg et de ses dépendances pour suppléer provisoirement à Turkestein et à sa châtellenie [1].

---

[1] La remise de Turkestein au duc de Lorraine par l'évêque de Metz eut définitivement lieu peu de temps après (1344). Les principaux traits de cette affaire nous sont révélés par des pièces dont nous avons, ou le texte ou les analyses détaillées. C'est d'abord, sous la date du 23 août 1344, le jugement arbitral du roi Jehan de Bohême entre Adhémar, évêque de Metz, et Raoul, duc de Lorraine; jugement en vertu duquel l'évêque devait payer au duc 10,000 livres et lui remettre à titre de gagière Turkestein et ses dépendances. (Du Fourny, Invent. des Titres de Lorr. III 741, X 363). On pourrait croire que cet engagement ne fut pas effectué, car à la date du lendemain (24 août 1344) nous trouvons le texte d'un traité par lequel l'évêque promettait au duc de lui remettre Albestroff dès qu'il l'aurait recouvré, à la place de Turkestein. (Cartul. de Lorr. Traités f° 105. Arch. de la Meurthe.) Cependant nous connaissons par D. Calmet (*Hist. de Lorr.* 1ʳᵉ édit. preuv. II, 612) un mandement ultérieur daté du 29 septembre 1344 et adressé par l'évêque à ses officiers de la châtellenie de Turkestein pour leur ordonner d'obéir au duc de Lorraine à qui il a transporté ses droits sur eux et sur les lieux qu'ils habitent. Nous avons en outre, dans l'inventaire des archives de la chambre royale de Metz (tome II, liasse 31, n° 21, archives de la Moselle), l'analyse d'un mandement semblable de l'évêque aux gens d'église de la même châtellenie. Il peut sembler étrange après cela que le jour

Nous ne savons pas ce qui faisait obstacle en 1344 à la remise que l'évêque Adhémar devait faire d'Albestroff au duc Raoul, mais il est bon de constater que vers la même époque (5 octobre 1344), le prélat signait avec la veuve de Nicolas de Salm [1], ancien lieutenant de son évêché, un traité d'accord touchant les différends qu'il avait eus précédemment avec ce dernier pour Hombourg, Albestroff et autres lieux (preuves : XI). Ce renseignement est bien peu explicite, mais il autorise à penser que Nicolas de Salm n'avait peut-être pas été étranger aux difficultés qui dans les derniers temps avaient empêché l'évêque de livrer Albestroff au duc de Lorraine, comme il le lui avait promis.

Nicolas de Salm pourrait bien, au reste, n'être pas le seul qui, vers l'année 1344, eût disputé Albestroff à l'évêque de Metz. Quelques indications de plus nous montreraient peut-être déjà dans cette affaire Jean d'Apremont [2] qui, en 1348, tenait, dit-on, Albestroff en fief de l'évêché, et deux autres personnages, Hugelman, prévôt de Hombourg, et un gentilhomme de Fénestrange, nommé Ziguelins, auxquels il avait engagé ce domaine pour une certaine somme. Une guerre, qui paraît

---

précisément où il expédiait ces deux mandements (29 septembre 1344), l'évêque déclarât par une lettre analysée dans le même recueil que le titre précédent (tome II, liasse 31, n° 20), que ne pouvant, comme il s'y était obligé, livrer Turkestein et sa châtellenie parce que le comte de Deux-Ponts les retenait, il donnait à leur place en engagement, au duc de Lorraine, le château de Fribourg et ses dépendances pour en jouir jusqu'à ce qu'il pût lui faire au même titre la remise de Turkestein. Cette remise eut lieu cependant enfin dans le courant même de l'année (1344), comme en témoigne une note reproduite par les Bénédictins dans les preuves de leur histoire de Metz (t. IV, p. 516), et nous savons d'ailleurs que le 9 août 1346, le duc rétrocédait l'engagement de Turkestein à Thiébaut de Blamont, pour une somme de 2000 livres. (Du Fourny, Invent. des Titres de Lorraine, III, 40). Une dernière pièce analysée par du Fourny (Invent. des Titres de Lorr. III, 41) nous apprend qu'au mois d'octobre 1350, l'évêque Adhémar avait effectué vis-à-vis du duc de Lorraine le rachat de Turkestein et de sa châtellenie et les avait retirées des mains de Thiébaut de Blamont.

[1] Voir à l'appendice : *Salm*.
[2] Voir à l'appendice : *Apremont*.

avoir eu pour cause le rachat de cet engagement, éclate en 1348 entre Jean d'Apremont, qui voulait ce semble l'effectuer, et Burckard, sire de Fénestrange [1], lequel prétendait, nous ne savons sur quel fondement, avoir certains droits contraires et demandait la remise du château entre ses mains [2].

Burckard avait pour alliés ses proches parents, les seigneurs de Fénestrange et de Téheicourt, son beau-frère Folmar, comte de la Petite-Pierre, le sire de Boulay, le sire de Blamont, les comtes de Salm et de Deux-Ponts, et quelques autres. De son côté, Jean d'Apremont comptait sur l'aide de son seigneur féodal l'évêque de Metz, et sur celui des Messins ses confédérés, dont il était fondé à réclamer les secours en vertu d'une alliance antérieure dans laquelle le prélat était entré aussi [3].

Jean d'Apremont requiert l'évêque de lui garantir son fief et de le soutenir comme doit le faire un seigneur, et celui-ci somme en même temps les citains de Metz de venir avec lui défendre la cause de leur allié commun. Les Messins se mon-

---

[1] Voir à l'appendice : *Fénestrange.*

[2] Chronique dite de Praillon dans les *Chroniques de Metz* publiées par Huguenin, p. 86 et seq.

[3] Une pièce de 1349, relative à la paix qui mit fin à cette guerre, nous fait connaître les principaux personnages qui y prirent part. Suivant ce document, ce sont d'un côté : Hugelman, Jean, Burckard et Olry de Fénestrange ; Hugelman, Ferry et Jacquet frères, seigneurs de Théheicourt, enfants de Hugelman de Fénestrange ; Valeran, comte de Deux-Ponts ; Jean, comte de Salm ; Folmar, comte de la Petite-Pierre ; Fricheman de Linanges, dom Prevot de Varmaixe (Worms?) ; Thiébaut, sire de Blamont ; Nikelat et Jean d'Agnestol frères ; de l'autre côté : Jean d'Apremont, sire de Forbach ; Adhémar, évêque de Metz ; la cité de Metz ; la duchesse de Lorraine ; Jean d'Apremont, sire de Warnesperg ; Pierre, seigneur de Tourwiller (Torschwiller ?) ; M^{tre} Pierre de Tourwiller (sic) ; Isambard de Raville (preuves : XIII). On s'étonne de ne pas voir dans cette énumération le sire de Boulay, que la chronique de Praillon mentionne formellement parmi les confédérés des seigneurs de Fénestrange, et qui était en effet de leurs plus proches parents. On peut aussi trouver étrange que la duchesse de Lorraine y figure parmi les alliés de l'évêque de Metz, avec qui elle était alors en profond dissentiment pour les salines et contre qui elle allait même entrer en guerre à ce sujet.

traient peu empressés à se rendre à ce double appel. Ils voyaient depuis quelque temps l'évêque Adhémar engagé, au sujet de Château-Salins, dans un grave différend avec la duchesse régente de Lorraine, et ne doutaient pas qu'il ne fût menacé d'une guerre formidable à laquelle ils ne se souciaient pas de se trouver mêlés; ils étaient d'ailleurs d'autant plus mal disposés à venir en aide à leur évêque, qu'ils avaient eu contre lui dans les derniers temps plus d'un sujet de mécontentement; les officiers de sa cour spirituelle de Metz étaient en querelle perpétuelle avec eux, et, à tort ou à raison, le prélat leur semblait en outre responsable des embarras que leur causaient fréquemment les gens d'église en général et notamment les seigneurs du chapitre. Au reste, les Messins, qui n'avaient reçu de leur évêque aucun secours dans leurs derniers démêlés avec plusieurs de leurs voisins, prétendaient que l'alliance avait été rompue à leur préjudice, et qu'ils étaient dégagés de leurs anciennes obligations. Cependant on les pressait vivement; on avait besoin d'eux. Ils profitent de la circonstance pour obtenir réparation des griefs dont ils avaient le plus à se plaindre, et promettent en retour de garder le droit de l'évêque et de son fiévé le sire d'Apremont. Ceux-ci consentaient à ce que la forteresse en litige fût mise entre les mains des Messins en attendant le dénoûment de la querelle; car ils craignaient surtout de voir ceux qui la tenaient la livrer à leurs ennemis, soit par suite de connivence, soit par impuissance de s'y maintenir.

Le samedi avant la Magdeleine (19 juillet 1348), le Maître-Echevin et les Treizes font une ordonnance en vertu de laquelle défense est signifiée à Hugelman et à Ziguelins de remettre la forteresse d'Albestroff, qu'ils occupaient, en mains étrangères quelles qu'elles soient, avec ordre de la bien garder sous peine d'être taxés à 100 livres et condamnés en outre à une amende arbitraire. On les invitait, s'ils ne se sentaient pas assez forts pour défendre la place, à la laisser aux Messins, et on faisait en même temps toute réserve en faveur du droit que Jean d'Apremont avait toujours de la racheter pour le prix de son engagement. Quelques jours après, une nouvelle ordonnance est promulguée pour faire, sous les mêmes peines, semblable défense à tout Messin à qui il pourrait arriver que la forteresse fût remise. Les citains prennent ensuite des dispositions de guerre, nomment des commis pour y aviser, lèvent des hommes [1] et distribuent des garnisons dans les places.

Pendant ce temps-là, Burckard de Fénestrange avait mis le siége devant le château d'Albestroff et n'avait pas tardé à le réduire. L'évêque et ses alliés brûlaient de venger cet affront. Les Messins pressent leurs préparatifs. Bientôt après ils se trouvent engagés, de concert avec l'évêque Adhémar, dans la guerre qui éclate entre le prélat et la duchesse de Lorraine. Cette lutte dure plusieurs années, et on perd de vue, au milieu de ses péripéties, l'affaire du château d'Albestroff. Notre vieille chronique de Praillon, dans le récit un peu confus et très-incomplet qu'elle donne de ces événements, nous laisse sur le tableau du courroux de l'évêque à la nouvelle de la prise de la forteresse et néglige de nous en faire connaître les suites. Cependant nous savons que la paix fut faite en 1349; nous en trouvons indirectement la preuve dans une pièce qui porte cette date et qui est un traité particulier signé, en conséquence de la pacification générale, entre les Messins et Thiébaut sire de Blamont, qui tenait le parti des Fénestrange dans la querelle (preuves : XIII).

Nous ignorons quelles furent, pour Albestroff, les conséquences de la guerre de 1348 et de la paix qui y mit fin, et nous ne savons pas si Jean d'Apremont, le fiévé de l'évêque de Metz, réussit à rentrer en sa possession. En tous cas les évêques eux-mêmes ressaisirent ultérieurement cette importante dépendance de leur église, comme le prouvent les faits subséquents; et il ne tarda vraisemblablement pas à en être ainsi, car nous avons un acte du 11 septembre 1353, par lequel le châtelain, le maire et les autres officiers d'Albestroff, font féauté à Thiébaut de Blamont, gouverneur et lieutenant de l'évêché (preuves : XIV). Un peu plus tard les sires de Fénestrange

---

[1] Les Bénédictins, dans leur histoire de Metz, donnent des extraits de quelques pièces relatives aux engagements de soldoyeurs faits par les Messins contre le sire de Fénestrange, à la fin d'août et au commencement de septembre 1348. (Preuves : XII.)

paraissent avoir eu encore quelques débats avec nos évêques à l'occasion d'Albestroff; car le fonds des titres de la châtellenie en contenait un du 19 mai 1396, suivant lequel paix et quittance leur étaient accordées, à cette date, par l'évêque Raoul de Coucy (preuves : XXVII). Nous ne connaissons malheureusement cette pièce que par une mention trop succincte dans un inventaire moderne, et nous ne savons rien des faits auxquels elle se rapporte. Nous ne sommes même pas complètement assurés qu'elle regarde Albestroff, n'en ayant d'autre indice que la circonstance qu'elle était classée parmi les titres de cette localité.

Albestroff, rentré dans le domaine des évêques après la guerre de 1348, y figurait ce semble encore en 1385 (preuves: XV); mais il dut, à peu de temps de là, être de nouveau aliéné par eux [1]. On le voit, en 1388, entre les mains de Henri Bayer [2], petit-neveu de l'évêque Thierry Bayer de Boppart. Thierry avait occupé le siége de Metz pendant dix-huit années, de 1366 à 1384, après Jean de Vienne qui avait remplacé, en 1361, Adhémar de Montil. Le successeur de Thierry, Pierre de Luxembourg, évêque de quinze ans qui a été béatifié, n'avait donné personnellement que peu d'attention aux intérêts temporels de l'évêché; mais après lui, Raoul de Coucy, dès son avénement en 1387, était entré dans une voie toute différente. Il avait trouvé Henri Bayer et Conrad, son frère, nantis de deux des plus importantes seigneuries de l'évêché de Metz, Hombourg et Albestroff, qu'ils tenaient à titre d'engagement [3]. L'évêque voulait, à ce qu'il paraît, retirer les

---

[1] Outre les aliénations et les engagements qui concernaient le château d'Albestroff, les évêques en faisaient encore quelquefois pour les autres membres moins importants de ce domaine. L'inventaire de 1793 des titres de la châtellenie mentionne les lettres réversales de l'engagement d'une maison et d'une grange fait par l'évêque Raoul de Coucy au seigneur de Gerbéviller, lequel, au mois d'août 1393, reconnaissait le droit qu'avait le prélat d'en faire le rachat moyennant 80 petits florins (preuves : XXIII).

[2] Voir à l'appendice : *Bayer de Boppart*.

[3] Nous n'avons plus les lettres des engagements de Hombourg et d'Albestroff aux Bayer de Boppart; mais, pour ce qui regarde Hombourg en particulier, nous connaissons, par une analyse de du Fourny, une pièce du 19 mars 1386 (1387 nouv. style) suivant laquelle Conrad et Henri Bayer frères, tenant en

terres engagées ; on refusait de les lui rendre. Il somme les détenteurs de restituer le bien de son église et se dispose à les y contraindre par la force. Il vient alors mettre le siége devant le château de Hombourg qui est forcé de capituler le 18 décembre 1388 ; et journée est assignée à Vic pour le premier dimanche de Carême suivant (7 mars 1389), à l'effet d'examiner les demandes des Bayer (preuves : XVI). Le P. Benoit, qui cite comme étant conservées à la chancellerie de Vic les conventions arrêtées à la suite de la négociation, se borne à nous dire que, moyennant une indemnité de 2000 francs [1], ceux-ci consentirent à renoncer à leurs prétentions (preuves : XVII). Il serait bon d'en savoir un peu plus sur ces arrangements, car cette brève indication ne suffit pas pour rendre compte des faits.

Hombourg semble bien être revenu entre les mains de l'évêque

---

gagière de l'évêque de Metz le château et la ville de Hombourg pour la somme de 6000 florins, transmettent la moitié de cette gagière à Wenceslas, roi de Bohême et des Romains, et duc de Luxembourg. (Du Fourny, Invent. ms. des Titres de Lorr. X, 2—135).

[1] Ces 2000 francs formaient une somme considérable, car il s'agit ici du franc d'or qu'on taillait communément, à la fin du quatorzième siècle, sur le pied de 60 à 65 pièces environ par marc de métal. En évaluant le marc à 250 grammes, les 2000 fr. auraient contenu près de 8000 grammes d'or, lesquels, à un titre qui depuis cette époque n'a pas beaucoup varié jusqu'à notre temps, feraient environ 24000 fr. de notre monnaie actuelle. Pour tirer de cette estimation, purement approximative, du reste, la valeur réelle des 2000 fr. de 1389, il faudrait tenir compte aussi de l'avilissement de l'or depuis le quatorzième siècle jusqu'à nos jours, et on ne serait vraisemblablement pas loin de la vérité en admettant que sa puissance a baissé pendant cette période à peu près dans le rapport de 4 ou 5 à 1 ; ce qui porterait à près de 100,000 fr., peut-être, en valeur de nos jours, le chiffre de l'indemnité accordée aux Bayer. — J'ajouterai que le *franc d'or* valant 20 sols était une monnaie réelle qui pouvait représenter la *livre*, monnaie de compte du temps. Le *florin* était aussi une monnaie réelle qu'on taillait primitivement sur le pied de 8 à l'once, ou 64 au marc, mais qui subit par la suite quelque diminution de poids et qui, par conséquent, valait généralement un peu moins que le franc d'or. A l'aide de ces rapprochements on se fera, dans des termes qui n'ont rien de rigoureux, une idée suffisante de ce qu'étaient les sommes évaluées en livres, en francs et en florins, dans les opérations mentionnées ici, auxquelles le domaine d'Albestroff a donné lieu aux quatorzième et quinzième siècles. Les indications qui précèdent sont d'ailleurs, je le répète, purement approximatives.

à la suite de la guerre de 1388 et du traité de 1389, mais Albestroff était resté, à ce qu'il paraît, au pouvoir d'Henri Bayer. Celui-ci prétendant maintenir l'engagement dont il jouissait, refusait de rendre la place, et l'évêque Raoul de Coucy fut obligé, pour la réduire, d'invoquer, en 1391, l'aide du duc de Lorraine et de Ferry de Blankenheim, évêque de Strasbourg, lesquels avaient aussi, selon toute apparence, quelque sujet de plainte contre Henri Bayer. Lors du traité conclu au mois de mars 1389, Raoul de Coucy avait évidemment entendu récupérer Albestroff aussi bien que Hombourg, car dans le courant de l'année même, il en avait déjà engagé pour 400 florins un sixième au duc de Lorraine (preuves : XVIII). Des considérations d'intérêt personnel avaient bien pu après cela décider le duc à se liguer avec l'évêque de Metz pour opérer le recouvrement du domaine que Henri Bayer refusait de rendre. En cas de réussite, ce n'était plus un sixième, mais un tiers du château d'Albestroff que par le nouveau traité (29 décembre 1391), on s'engageait maintenant à lui **remettre**.

Nous avons, au trésor des chartes de Lorraine, le texte original du traité conclu le 29 décembre 1391 entre les trois confédérés (preuves : XX). Chacun d'eux devait fournir cent lances de gens d'armes ou cavaliers, et quatre cents sergents ou piétons avec l'artillerie et les munitions nécessaires pour assiéger Albestroff. La place, après qu'on s'en serait rendu maître, appartiendrait pour les deux tiers à l'évêque de Metz, et pour un tiers au duc de Lorraine sous forme d'engagement, l'évêque se ménageant le droit d'effectuer le rachat de ce dernier tiers, quand il le jugerait à propos, pour 700 florins. En attendant, l'évêque et le duc jureraient un traité de burgfriede pour régler les détails de leur commune occupation du château. Si on gagnait quelqu'autre forteresse sur l'ennemi, on devait en faire le partage par tiers entre les trois alliés ; il devait en être de même des prisonniers dont on parviendrait à s'emparer. Quant au butin, il était abandonné aux compagnons présents à l'expédition. Après s'être concerté sur les avantages qu'on espérait remporter, on avait aussi arrêté quelques dispositions touchant les échecs qu'on pourrait subir. Les places perdues devaient être reconquises en commun au profit de celui à qui elles appartenaient, et pour ce qui regardait les hommes qui seraient pris par l'ennemi, il était convenu qu'on ne ferait aucune trêve sans stipuler répit d'égale durée en leur faveur, et qu'on ne conclurait pas la paix sans obtenir en même temps leur liberté. Enfin si on ne réussissait pas à reprendre Albestroff, but principal de l'entreprise, les alliés devaient mettre des garnisons dans leurs forteresses les plus voisines et continuer la guerre. Tout avait été réglé ainsi par le traité du 29 décembre 1391. On se rend difficilement compte après cela de la signification d'une pièce suivant laquelle, dès le 29 juin précédent, le détenteur d'Albestroff semblerait avoir renoncé à la gagière en vertu de laquelle il tenait le château (preuves : XIX). Au reste, nous ne connaissons ce titre que par une mauvaise analyse, et le traité du 29 décembre 1391, dont nous avons le texte, nous prouve qu'en tout cas, à la date qu'il porte, Albestroff était encore entre les mains d'Henri Bayer qui refusait de le rendre et à qui il s'agissait de l'arracher.

Nous ne connaissons pas les particularités de la guerre qui suivit le traité du 29 décembre 1391. Nous savons seulement qu'Albestroff tomba au pouvoir des confédérés, et que ses défenseurs furent faits prisonniers. Le père Benoit affirme même que Henri Bayer resta entre les mains de l'évêque, et fut conduit à Marsal. Il rapporte cet événement à la date de 1393, ce qui indiquerait pour Albestroff une résistance de plus d'une année ; mais il y a lieu de croire qu'il est dans l'erreur sur ce point, car une pièce du 25 juin 1392, dont il nous est parvenu une copie authentique du commencement du quinzième siècle (preuves : XXI), mentionne indirectement la prise d'Albestroff par l'évêque de Metz, comme un fait alors accompli. Cette pièce est un traité entre l'évêque Raoul de Coucy et les bourgeois de Sarrebourg révoltés, dont il venait d'avoir raison, et à qui il imposait une taxe de 3500 florins, en déclarant que cette somme était destinée à payer les dettes de l'évêché et à couvrir les frais considérables nécessités par le siége difficile à la suite duquel il avait précédemment récupéré le château d'Albestroff.

Un autre titre du même temps, que nous possédons en original, nous fait connaître, à la date du 21 octobre 1395, la dissolution de l'alliance de 1391 (preuve : XXVI). Depuis longtemps Ferry de Blankenheim avait quitté l'évêché de Strasbourg ; il avait passé en 1393 à celui d'Utrecht, qui l'éloignait de ses anciens confédérés; Raoul de Coucy et le duc Charles se séparèrent à leur tour. Dans l'acte passé le jeudi après la saint Luc (21 octob.) 1395, l'évêque de Metz déclare rompue l'alliance qu'il avait faite jadis avec le duc de Lorraine contre Henri Bayer de Boppart, chevalier. Il paraît, d'après cette pièce, que ce dernier était alors de nouveau aux prises avec le duc, et que l'évêque voulait observer entre eux la neutralité, car il promet de ne pas aider Henri Bayer dans cette circonstance, et de détourner de toute participation à la guerre les prisonniers faits jadis à Albestroff et restés entre ses mains. Il s'engage, en effet, à leur interdire de s'y mêler, soit pendant les répits qu'il pourra leur donner, soit quand il les rendra définitivement à la liberté.

Ainsi, au mois d'octobre 1395, les malheureux défenseurs d'Albestroff, après trois années et plus de captivité, gémissaient encore dans les prisons de l'évêque, tandis que Henri Bayer, leur chef pris avec eux, était libre et lancé encore une fois dans les hasards d'une nouvelle guerre. C'est qu'il avait sans doute payé la rançon de son corps, tandis que les pauvres compagnons n'avaient pu le faire. Henri Bayer était, du reste, alors bien près du terme de sa carrière, car en décembre 1396 il était déjà mort. A cette date, nous voyons sa veuve donner quittance d'une gagière qu'elle avait sur le château de Hombourg, en remplacement de laquelle il lui en était fourni une sur celui d'Albestroff (preuves : XXIX). Il y a tout lieu de croire que c'est la restitution de celle-ci qui fait l'objet d'un titre mentionné dans un inventaire moderne où, sous la date vraisemblablement inexacte du 18 septembre 1487, il est dit que la veuve de Henri Bayer remet à l'évêque de Metz le sixième qu'elle tenait au château d'Albestroff (preuves : LIII).

Suivant le traité de confédération du 29 décembre 1391, il avait été, nous l'avons dit, convenu par les trois alliés que le château d'Albestroff qu'on allait conquérir, serait partagé entre l'évêque de Metz et le duc de Lorraine, que l'évêque en aurait les deux tiers et que le duc en tiendrait, à titre d'engagement, un tiers rachetable par l'évêque au prix de 700 florins (preuves : XX). Après la prise de la place, les choses se passèrent vraisemblablement ainsi. L'évêque Raoul de Coucy dut rentrer immédiatement en possession des deux tiers d'Albestroff et de ses dépendances, et peu de temps après il avait usé du droit qui lui permettait de retirer des mains du duc de Lorraine la part que ce dernier y avait d'abord conservée. La quittance de ce rachat figure dans l'inventaire des chartes de la chancellerie de Vic, sous la date du jour de Saint-Vincent 1393 (22 janvier 1394, nouv. style), avec une erreur d'analyse, constatons-le en passant, qui présente comme étant d'un quart la part du duc, tandis qu'elle était, nous l'avons vu, en réalité d'un tiers (preuves: XXIV).

Lorsqu'il effectua ce rachat (janvier 1394), l'évêque de Metz ne possédait déjà plus, à Albestroff, les deux tiers qui lui avaient fait retour, conformément au traité de 1391, et en conséquence des faits ultérieurement accomplis. Dès le 21 juin 1393, il en avait engagé la moitié, c'est-à-dire le tiers du tout, à Rodolf de Morsperg[1] pour la somme de 1000 florins (preuves: XXXVIII). Quelques mois plus tard (22 janvier 1394), il reconstituait, il est vrai, sa part des deux tiers en rachetant, comme nous venons de le dire, ce que le duc de Lorraine tenait depuis la conquête faite en commun, mais il ne tardait pas ensuite à se dessaisir du domaine tout entier, en engageant le 20 juillet 1395, pour 1500 florins du Rhin, à Jean comte de Salm[2], l'un des deux tiers qu'il avait entre les mains (preuves: XXXVIII), et en livrant l'autre à Pastor de Rode[3] dans des circonstances qui nous sont inconnues. Cette dernière aliénation, dont nous ignorons la date précise, ne peut pas avoir eu, au reste, une bien longue durée, si le prélat avait déjà recouvré ce qui en faisait l'objet, lorsque, le 27 novembre 1396, fut conclue une burgfriede pour Albestroff entre lui, Rodolf de Morsperg, et Jean de Salm, chacun pour un tiers (preuves: XXVIII).

Ces traités de burgfriede destinés à régler le mode d'occupation de la forteresse, suivaient naturellement de près ceux d'engagement qui, à cette époque, venaient si fréquemment modifier la condition du château d'Albestroff; ils étaient même

---

[1] Voir à l'appendice: *Morsperg*.
[2] Voir à l'appendice: *Salm*.
[3] Voir à l'appendice: *Rode*.

le plus souvent stipulés en même temps que ces derniers. A la suite de la conquête faite en commun, vers 1392, l'évêque de Metz et le duc de Lorraine avaient dû en conclure un pour se conformer aux dispositions arrêtées auparavant entre eux. Peu de temps après (21 juin 1393), l'évêque avait juré une nouvelle burgfriede avec Rodolf de Morsperg [1] en lui engageant, comme nous venons de le dire, un tiers d'Albestroff (preuves: XXII). Dans ce traité était aussi mentionnée l'occupation d'un autre tiers du domaine par le duc de Lorraine qui le tenait, comme nous l'avons dit, depuis 1392, et ne l'abandonna par suite de rachat qu'au mois de janvier 1394 (preuves: XXIV). Quelques années après, le duc rentrait, mais cette fois pour une moindre part, dans la possession d'Albestroff. En effet, au mois de janvier 1396 (1397 nouv. style), l'évêque, devenu son débiteur d'une somme de 400 petits florins d'or, lui engageait pour ce prix quelques domaines parmi lesquels figurait un sixième dans le château d'Albestroff et ses dépendances (preuves: XXX et XXXI). Raoul de Coucy se trouvait ainsi de nouveau entièrement dessaisi de ses possessions d'Albestroff; car Rodolf de Morsperg et Jean comte de Salm en tenaient alors chacun un tiers, le premier depuis 1393, le second depuis 1395, et la veuve de Henri Bayer venait de recevoir, au mois de décembre 1396, comme nous l'avons dit précédemment, la moitié du dernier tiers, c'est-à-dire un sixième pour équivalent d'une gagière qu'elle restituait sur Hombourg (preuves: XXIX). En donnant maintenant (janv. 1397, nouv. style) le dernier sixième au duc de Lorraine, l'évêque livrait tout ce qui lui restait du domaine, dès lors entièrement hors de ses mains.

---

[1] Quelques mois après la conclusion de cette burgfriede entre l'évêque Raoul de Coucy et Rodolf de Morsperg, celui-ci était saisi à Albestroff même et retenu en captivité par le prélat. Nous ne savons rien des circonstances qui provoquèrent et accompagnèrent cet acte de violence ; peut-être avait-il pour cause quelque débat suscité par l'occupation commune de la forteresse. Nous en sommes réduits sur ce point aux conjectures, car nous ne connaissons le fait lui-même qu'indirectement et d'une manière insuffisante, d'après une quittance de dommages donnée à l'évêque à son occasion par Rodolf de Morsperg, le 22 février 1393 (1394 nouv. style). Encore n'avons-nous de cette pièce qu'une indication très succincte dans un inventaire moderne (preuves: XXV).

Cette situation fut de courte durée, et le recouvrement du sixième d'Albestroff, donné en 1396 à la veuve de Henri Bayer, ne se fit pas longtemps attendre. Sa remise à l'évêque Raoul nous est connue par un titre dont nous avons une analyse malheureusement inexacte quant à la date (preuves: LIII); mais nous sommes au moins certain qu'elle eut lieu avant le 2 décembre 1403, car nous connaissons pour cette époque le mode de partage d'Albestroff qui se trouvait alors entre les mains de quatre détenteurs simultanés: l'évêque de Metz et le duc de Lorraine chacun pour un sixième, Jean de Salm et Rodolf de Morsperg chacun pour un tiers. Une burgfriede portant la date du 2 décembre 1403 que nous venons d'indiquer, règle les droits de chacun dans la forteresse, conformément à cet état de choses (preuves: XXXII). Un peu plus tard, le tiers appartenant à Jean de Salm passait, nous ne savons à quelle occasion, entre les mains du détenteur de l'autre tiers, Rodolf de Morsperg (preuves: XXXVIII). L'évêque, sans le consentement de qui ce transport n'avait pu se faire, conservait naturellement son droit de rachat sur le tout.

Bientôt de nouvelles circonstances font sortir momentanément des mains de Rodolf de Morsperg une partie de ce qu'il tenait ainsi par engagement à Albestroff. Il s'agit d'un sous-engagement fait par lui au profit d'un bâtard de Salm. Nous avons sur cette opération certains détails qui montrent dans quels termes un pressant besoin d'argent pouvait faire contracter ces obligations dont il a été si souvent question dans ce qui précède. Rodolf de Morsperg, prisonnier à la suite d'une expédition militaire que nous ne connaissons pas, était, au commencement du mois de septembre 1413, gardé au château d'Ausembourg[1] et en grand péril, comme il le dit, de la perte de son corps. Nicolas, bâtard de Salm[2] et sa femme avaient consenti à lui prêter cinq cents florins du Rhin pour sa rançon. C'était, à ce qu'il semble à première vue, un prêt gratuit comme on pouvait le faire pour

---

[1] Nous ne connaissons pas Ausembourg. M. Lepage a vu dans un titre du trésor des chartes de Lorraine (Blamont I. 86) le château de Dagsbourg (Dabo) nommé: Hassebour, et Hassemborc. C'est peut-être de ce lieu, domaine des Linange au quatorzième siècle, qu'il est ici question.

[2] Voir à l'appendice: *Salm*.

un court espace de temps. Le sire de Morsperg avait en effe promis de rendre les cinq cents florins avant la prochaine fête de la Magdeleine, en juillet 1414 ; mais s'il ne s'acquittait pas dans ce délai, le prêt devait prendre un nouveau caractère. Les conventions, passées le 7 septembre 1413, portaient que faute d'avoir remboursé au mois de juillet suivant la somme reçue par lui, Rodolf devait laisser à titre d'engagement au bâtard cinquante *florinées de terre*, c'est-à-dire un cens de cinquante florins [1] qu'il avait sur le val de Guéblange et sur divers autres lieux, ainsi qu'une partie de ce qu'il tenait en la ville et forteresse d'Albestroff, le tout rachetable par l'emprunteur pour la somme de cinq cents florins qui lui avait été livrée (preuves : XXXIII). Le prêteur retirait ainsi plus de dix pour cent de son argent ; la coutume permettait de le faire sous la forme d'un engagement, tandis que pour un prêt pur et simple toute stipulation d'intérêts était alors prohibée. Exemple à citer en passant de la manière dont les usages corrigent

---

[1] La florinée était une rente d'un florin, comme la livrée une rente d'une livre, la soldée une rente d'un sol. Le titre du 7 septembre 1413 (preuves : XXXIII), qui est mentionné ici, en fournit la preuve directe par les expressions variées qui y servent successivement à indiquer le même objet. On lit dans cette pièce : « ... Je, Rodas (de Morsperg)... met par les présentes » en la main dudict Nicolas (bastard de Salm) les 50 *florins de cens* qui me » sont dheus chascun an... en val et ès villes de Gebeldanges (etc)... les- » quelles 50 *florinées de terre* j'ai acquesté... de Ramestein... sauf que... » je puis rachepter et retraire lesdicts 50 *florins de cens*... pour... 500 » florins... et pourtant que les dictes 50 *florinées de terre*... sont des » fiefz de... Mgr Raoul de Coucy Euesque de Metz... ay je Rodas... requis... » à mondict seigneur que... vueille ladicte Vuaugière... consentir (etc). » On voit par là que un florin de cens et une florinée de terre étaient la même chose. L'expression florinée de terre venait de ce que les rentes de cette nature étaient primitivement constituées sur des fonds de terre, mais on ne tarda pas à les asseoir indistinctement sur des sources de revenu de toute espèce, comme des dîmes, des redevances, des impôts, des droits de marché, de passage, etc.; on finit même par les stipuler en retour d'un prêt pur et simple d'argent en gardant cependant toujours les expressions florinée, livrée, ou soldée de terre qui garantissaient le caractère de l'acte et lui conservaient sa valeur.

parfois, en les éludant, les dispositions importunes d'une loi surannée.

Ce que Rodolf de Morsperg voulait détacher en 1413 du château d'Albestroff pour le mettre entre les mains du bâtard de Salm à titre de gage, lui venait, suivant les termes de la pièce que nous venons de citer, de Jean de Salm, dont il avait précédemment, comme nous l'avons dit plus haut, réuni la part à celle que lui-même tenait depuis 1393 au château d'Albestroff. La pièce de 1413 donne à ce sujet des détails qui montrent de quelle nature étaient ces étranges partages d'une maison ou d'un château entre plusieurs détenteurs. « Je mets en mains
» au bâtard de Salm, disait Rodolf de Morsperg, une partie
» de ce que j'ay en la forteresse et ville d'Albestorff, c'est
» assauoir la mareschaussie et les deux chambres dessus
» auec la cusine et palle et la moitié de la grange dedens la
» ville et (la) mareschaucie de coste la dite grange, que mon-
» seigneur de Salmes soloit tenir de sa waigière, et encor dix
» faulcies de pré que je luy ay promis d'assigner on ban et en
» la fin d'Albestorff, lesquelles choses estans en la ditte ville
» et forteresse, doient les dis Niclas et Samenete, sa femme,
» leurs hoirs ou aians cause, tenir franchement et quittement
» à tousiours mais, sans ce qu'ilz soient de riens tenus de paier
» ne de fraitier à nulz portiers ne de waites de tour ne de
» la ditte ville ne forteresse d'Albestorff; et y pueent aller
» venir demourer séjourner et recepter selon le contenu de
» la bourgferite appartenant à la dicte forteresse sans nul
» empeschement. » Et plus loin Rodolf de Morsperg ajoutait encore : « Se le dict Niclas mettoit ou faisoit aulcuns ouurages ès
» menandies dudict chastel fust en faisant un sellier lequel y
» pourroit faire en la vielle salle, ou aultrement es dictz
» manoirs de la dicte forteresse, jusque à la somme de
» quarante florins au rewart d'ouuriers,.. Je (les) luy doibs
» payer... on rachapt faisant. » (Preuves : XXXIII.)

L'engagement proposé le 7 septembre 1413 par Rodolf de Morsperg au bâtard de Salm, en garantie de la somme que ce dernier venait de lui prêter pour sa rançon, était d'abord, à ce qu'on peut croire, purement conditionnel et ne devait s'effectuer définitivement que dans le courant de l'année suivante, si la somme prêtée n'avait pas encore été restituée. Cependant les domaines désignés pour l'engagement paraissent avoir été, sans doute pour plus de sûreté, mis immédiatement entre les mains du prêteur. La lettre du 7 septembre 1413, que nous venons de citer, semble exprimer formellement cette remise. L'engagement était d'ailleurs approuvé par l'évêque de Metz, seigneur du fief (preuves : XXXIV), et il avait donné lieu, vis à vis du prélat, à une déclaration consignée dans une lettre de la même date, dont l'exemplaire original nous est parvenu (preuves : XXXV). Par cette déclaration, Rodolf de Morsperg promettait de racheter dans le délai de trois années les domaines livrés au bâtard de Salm ; faute de quoi il consentait à une réduction de moitié sur la somme de mille florins pour laquelle l'évêque pouvait racheter la partie d'Albestroff qu'il lui avait engagée en 1393.

Toutes ces pièces, datées du même jour (7 septembre 1413), montrent que malgré le caractère en apparence gratuit du prêt fait alors à Rodolf de Morsperg par le bâtard de Salm, cet acte fut sur l'heure complété par la remise du gage important qui devait en être le prix et en former la garantie. Le bâtard de Salm entra donc réellement en jouissance immédiate des biens que spécifiait l'acte d'engagement, notamment de la part qui lui était assignée dans le château d'Albestroff ; ce qui entraîna pour l'occupation de la forteresse un traité de burgfriede juré, dès le 10 septembre 1413, entre lui et l'évêque Raoul de Coucy (preuves : XXXVI). Deux mois après (8 novembre 1413), l'évêque faisait un second traité du même genre (preuves : XXXVII) avec Rodolf de Morsperg, qui n'avait livré au bâtard de Salm qu'une partie de ce qu'il tenait lui-même dans le château d'Albestroff et qui continuait à en occuper encore une certaine portion.

Rodolf de Morsperg s'était, comme nous l'avons dit, engagé en 1413 à effectuer avant l'expiration de trois années le rachat de ce qu'il venait d'aliéner. Nous ne savons pas s'il remplit cette obligation dans le délai fixé. Au moins sommes-nous certains qu'avant 1422 il était rentré en possession des deux tiers complets d'Albestroff qu'il tenait avant la cession partielle faite temporairement au bâtard de Salm, car il les rendait alors (janvier 1421, anc. style) à l'évêque Conrad, successeur de Raoul de Coucy. Nous avons sur cette remise quelques pièces de dates très rapprochées entre elles, qui semblent indiquer que dans un laps de temps fort court la conclusion de cette affaire a passé par des phases diverses où on peut soupçonner des hésitations et probablement aussi quelques tiraillements. La première de ces pièces est du 20 novembre 1421 (preuves : XXXVIII); elle mentionne une transaction suivant laquelle Rodolf de Morsperg prenait avec les deux tiers qu'il tenait déjà dans les châteaux et villages d'Albestroff, de Guéblange et d'Hellimer, le sixième que le prélat y avait encore, pour jouir du tout, sa vie durant, à titre d'office et en qualité de voué, nous dit-on (preuves : XXXIX) ; moyennant quoi, à sa mort, ces domaines devaient revenir librement à l'évêché, après toutefois qu'une rente viagère de 50 florins aurait été constituée à Catherine, sa femme, si elle lui avait survécu [1]. Dans des intentions plus favorables encore à l'église, Rodolf de Morsperg, le 19 janvier suivant (1422, nouv. style), consentait à rendre gratuitement, pour le salut de son âme, à l'évêché de Metz, les deux tiers qu'il avait à Albestroff et autres lieux voisins, et déclarait renoncer formellement au remboursement des sommes pour lesquelles ces domaines devaient, suivant les anciennes conventions, être rachetés. Rodolf ajoutait qu'il était porté à cet acte de libéralité par la considération que depuis qu'il tenait cet engagement, il en avait tiré profit pour plus que le montant du prix auquel il l'avait obtenu (preuves : XL).

Rodolf de Morsperg paraît être revenu très-vite sur les bonnes dispositions dans lesquelles il se trouvait le 19 janvier 1422, car à la date du lendemain (20 janvier), nous trouvons divers actes qui semblent être en contradiction avec elles. Les deux premiers sont la lettre de l'évêque (preuves : XLI), et la réversale de Rodolf (preuves : XLII) pour la jouissance viagère d'Albestroff à titre d'office, comme si on était rentré dans les termes

---

[1] Il semble que la pièce du 21 novembre 1421, dont nous trouvons l'analyse dans l'inventaire de 1654 des titres de la chancellerie de Vic (preuves : XXXIX), pourrait bien être la même que celle du 20 nov. 1421 dont l'original est aux archives de la Meurthe (preuves : XXXVIII), et que si elle en diffère, en apparence, cela ne vient peut-être que d'une erreur dans la transcription de la date et de quelque licence d'interprétation dans l'analyse du texte.

de la transaction du 20 novembre 1421; le troisième enfin, peu d'accord, à ce qu'il semble, avec les précédents et daté cependant du même jour, concerne la remise par Rodolf de Morsperg à l'évêque, de la gagière d'Albestroff, moyennant remboursement des 1000 florins qui en étaient le prix (preuves : XLIII). Ces trois pièces peuvent paraître inexplicables après celles qui précèdent, aussi ne les connaissant que par des analyses peu explicites et peut-être inexactes, nous ne devons risquer qu'avec réserve leur interprétation. L'analyse que nous avons de la dernière est d'ailleurs évidemment fautive au moins en quelques points, car elle attribue le rachat de 1422 à l'évêque Raoul de Coucy qui, depuis 1415, avait quitté le siége de Metz pour celui de Noyon. Ajoutons que cette analyse est conçue dans des termes ambigus qui ne permettent pas de reconnaître si les 1000 florins dont elle parle sont le prix auquel avaient été engagés précédemment les domaines en question, ou celui moyennant lequel ils étaient alors restitués. Au reste, une connaissance plus complète de ces trois titres nous y ferait peut-être voir tout simplement une libre concession de l'évêque, à la suite d'une restitution faite gratuitement et sans conditions, par Rodolf de Morsperg.

Quoiqu'il en soit des termes précis et du sens détaillé des pièces de novembre 1421 et de janvier 1422, il est constant que sous l'épiscopat de Conrad Bayer de Boppart (1415-1459), la partie d'Albestroff engagée à Rodolf de Morsperg fit retour à l'évêché; notre chronique des évêques en témoigne et elle ajoute que le prélat reconstruisit le château. Si on s'en rapportait absolument à cette chronique on devrait croire que Conrad était rentré dès-lors dans la possession du domaine tout entier. Il s'ensuivrait que le sixième tenu par le duc de Lorraine depuis 1396 était revenu aussi dans les mains de l'évêque. Nous n'avons malheureusement aucun document sur ce dernier point.

Il n'est pas inutile de constater qu'après la restitution de 1421-1422, Rodolf de Morsperg dut conserver encore à Albestroff quelques droits et domaines propres qu'il transmit à ses héritiers, car son petit-fils, Hans de Heringen,[1] put,

---

[1] Voir à l'appendice : *Heringen*.

cinquante ans après (1471), assigner sur ce qu'il tenait en francalleu tant à Albestroff que dans certains lieux voisins, une rente annuelle de 15 florins qu'il reprit en fief de l'évêché de Metz. Outre l'acte constitutif de ce fief, lequel existe en original aux archives de la Meurthe (preuves : XLVIII), nous connaissons par des analyses les reprises que le même Hans de Heringen en fit en 1486, des mains de l'évêque Henry de Lorraine (preuves : L et LI). Ce petit fait, constatons-le en passant, nous fournit de nouveau la preuve que les évêques de Metz possesseurs du château d'Albestroff n'avaient ni en domaine direct, ni même en mouvance féodale, tout ce que comprenait son territoire ; il nous montre en second lieu, dans une de ses formes les plus usitées alors, le développement graduel du système de la mouvance qui, absorbant peu à peu ce qui était à la portée du château, aboutit finalement à soumettre au régime féodal la province presque tout entière.

Le fief constitué en 1471, à Albestroff, et soumis à la suzeraineté de l'évêque de Metz par Hans de Heringen, sur le domaine allodial qu'il tenait de son aïeul Rodolf de Morsperg, fut partagé entre ses enfants à la fin du quinzième siècle ou au commencement du seizième. Nous voyons l'époux de sa fille Marguerite, Jean de la Laye [1], fournir dénombrement pour la moitié en 1502 et en 1507 (preuves : LIV et LVI). En 1526 (janv. 1527, nouv. style), c'est un George de la Laye, peut-être le fils de Jean et de Marguerite, qui fait ces reprises (preuves : LXI), et il semble, d'après les termes de l'analyse que nous avons de son dénombrement, qu'il tenait alors le fief tout entier comme Hans de Heringen en 1486, tandis que le gendre de ce dernier n'en avait en 1502 et 1507, comme nous venons de le dire, que la moitié. La contre-partie devait, selon toute apparence, être alors entre les mains d'un autre enfant de Hans de Heringen, Henri de Heringen peut-être,

---

[1] Les la Laye appartenaient à une ancienne famille du pays. Jean de la Laye, écuyer, était au service de la cité de Metz en 1364. On nous a conservé une quittance donnée par lui en cette année pour ses gages et ceux de Robin Doure, son compagnon d'armes (*Hist. de Metz* par les Bénéd. preuves t. IV, p. 224).

que nous voyons en 1511 prendre de l'évêque de Metz des lettres de châtelain et receveur d'Albestroff (preuves : LIX). Un certain Antoine de Soltern paraît y avoir tenu en même temps en fief une rente de quinze florins ; nous connaissons par une analyse les reprises qu'il en faisait au mois de décembre 1502 (preuves : LV).

Nous ne savons pas quelle fut la fin du fief des Heringen et des la Laye à Albestroff ; quant au château, rendu à nos évêques, comme nous l'avons vu, en 1422 et reconstruit par eux vers cette époque, il fut quelquefois, pendant la durée du quinzième siècle, le lieu de leur résidence. L'auteur de notre chronique de Praillon nous a conservé deux lettres de l'évêque George de Bade, datées l'une et l'autre d'Albestroff les 7 et 18 juin 1462 et adressées par le prélat aux Messins qu'il voulait faire intervenir dans une querelle alors pendante pour le siége archiépiscopal de Mayence (preuves : XLVI et XLVII).

III.

L'engagement et la burgfriede. — La garde féodale et les troupes soldées. — Les Châtelains, les Capitaines, les Admodiateurs.

Depuis le milieu du douzième siècle, date des premiers documents que nous possédions sur Albestroff, jusqu'à la fin du quinzième, on ne trouve guère à citer comme le concernant, que ce qui regarde les intérêts de l'abbaye de Hesse, quelques faits de guerre trop rares et trop peu détaillés surtout, et les phases compliquées d'engagements et de rachats qui, pendant cette période, viennent si fréquemment modifier la condition de cet ancien domaine de nos évêques. Les indications que j'ai données sur ce dernier objet d'après les titres dont la connaissance nous est parvenue ont pu sembler arides ; elles sont instructives cependant. Si l'on s'étonnait de l'étrangeté du régime qu'elles révèlent, il faudrait se rappeler qu'à une époque où le mécanisme des institutions financières était peu connu, et où le prêt à intérêt, condamné comme une immoralité était défendu, on ne pouvait bien souvent se procurer d'argent par voie d'emprunt qu'en livrant au prêteur des domaines productifs qui constituaient à la fois son gage et sa rémunération [1].

L'engagement était devenu d'un usage général, et la nécessité d'y trouver des ressources aussi variées que l'étaient les besoins qu'il avait à satisfaire, avait introduit la pratique des engagements partiels, grâce aux quels on pouvait commodément tirer parti de la valeur entière d'un domaine important en le subdivisant, suivant les circonstances, aussi facilement qu'on eût pu le faire d'une somme d'argent. C'est ainsi qu'une terre, un château, une ville, étaient partagés entre plusieurs détenteurs simultanés à des titres divers et dans des proportions parfois très-différentes. On comprend quelles complications et quels conflits d'intérêts devaient naître de cette espèce de jouissance en commun. Pour éviter autant que possible les inconvénients qu'elle pouvait entraîner, on faisait des traités spéciaux qui en réglaient les conditions. Quand il s'agissait de la possession partagée d'une ville fermée ou d'un château, la convention prenait, dans nos

---

[1] Le prêt à intérêt, absolument interdit en droit canonique, l'était également dans l'ancien droit français. « L'argent ne produit rien de lui-même, et il n'est » pas permis d'en tirer profit quand on le prête, » dit le jurisconsulte Ferrière, et il ajoute : « Les intérêts ne peuvent être dûs, en conséquence d'un » prêt, quand même ils auraient été promis par le débiteur en vertu d'une » stipulation ; en quoi notre droit français diffère du droit romain. » On tendit naturellement de bonne heure à éluder l'application de cette jurisprudence excessive. L'engagement de fonds productifs fut un des moyens employés pour assurer au prêteur un revenu proportionné à l'importance de la somme qu'il avait livrée. C'était là un profit, ce n'étaient pas encore des intérêts fixes et réguliers. Ceux-ci étaient toujours condamnés en principe. L'usage finit cependant par les faire admettre peu à peu d'une manière détournée. Les ordonnances en vinrent même à les tolérer ; mais elles ne le firent qu'avec certaines restrictions. Proscrivant les intérêts stipulés sous forme de promesse ou d'obligation pure et simple, elles les permettaient en vertu d'un contrat de constitution ; ce qui était considéré comme l'achat d'une rente au prix d'un capital aliéné, dont on réservait même le remboursement facultatif à la volonté du débiteur, mais non à celle du créancier. Chez nous la constitution de rentes en *livrées, florinées et soldées de terre* dont nous avons parlé précédemment (page 55 en note) était devenue entre autres une manière d'assurer un revenu fixe et régulier qui, parfois, pouvait représenter les intérêts d'une somme prêtée.

provinces presque germaniques à certains égards, le nom de *burgfriede*, de deux mots allemands dont le sens littéral est *la paix du château*.

Nous avons mentionné précédemment six pièces de cette nature appartenant à la fin du quatorzième siècle et au commencement du quinzième : la burgfriede de 1392 entre l'évêque Raoul de Coucy et Charles duc de Lorraine, qui devaient se partager le château d'Albestroff dans la proportion des deux tiers pour le premier et d'un tiers pour le second ; la burgfriede de 1393 entre l'évêque pour un tiers, réserve faite de celui que le duc de Lorraine y tenait de son côté, et Rodolf de Morsperg pour le troisième tiers ; celle de 1396 entre l'évêque de Metz, Jean de Salm chevalier, et Rodolf de Morsperg écuyer, chacun d'eux y ayant part égale ; puis celle de 1403 entre l'évêque et le duc, chacun pour un sixième, Jean de Salm, et Rodolf de Morsperg, chacun pour un tiers ; celles enfin du 10 septembre et du 8 novembre 1413, par lesquelles l'évêque Raoul de Coucy se mettait en règle avec Nicolas bâtard de Salm, et Rodolf de Morsperg à la suite du traité par lequel ce dernier avait cédé à l'autre une partie de ce qu'il tenait à Albestroff. La première de ces six burgfriedes est mentionnée dans le traité de 1391 (preuves : XX) ; celles de 1393 et 1396 nous sont connues par leurs titres originaux conservés aux archives de la Meurthe (preuves : XXII et XXVIII) ; pour la quatrième qui est de 1403, nous avons, à défaut de l'original, une copie du seizième siècle dans le cartulaire de Lorraine appartenant au même dépôt (preuves : XXXII) ; quant aux deux dernières qui sont de l'année 1413, nous n'en avons que de brèves indications dans l'inventaire de 1634 des archives de la chancellerie de Vic, lequel se trouve aujourd'hui à la bibliothèque impériale (preuves : XXXVI et XXXVII).

Une forteresse était une retraite précieuse à laquelle, dans ces temps agités, on n'avait que trop souvent occasion de demander refuge et protection pour soi ou pour ses amis. La burgfriede déterminait les conditions auxquelles on pouvait le faire. Dans celle de 1393, jurée pour les châteaux d'Albestroff et de Guéblange par l'évêque de Metz et Rodolf de Morsperg, les *parsonniers*, comme on disait alors, après s'être engagés d'une manière générale à veiller à la garde des villes et châteaux et de leurs dépendances, décidaient que si l'un d'eux voulait y recevoir un étranger il devait en prévenir d'avance le portier commun ou le valet juré. L'autre dès-lors perdait le droit d'y introduire qui que ce soit, et la forteresse occupée était particulièrement fermée pour tout ennemi de celui qui y avait été reçu le premier, tant que duraient les causes pour lesquelles il y avait pris *recept*. Si, après cet avertissement, une année s'écoulait sans que l'hôte pour qui il avait été fait eût profité de son droit, celui-ci en perdait le bénéfice; il ne pouvait d'ailleurs en user sans avoir préalablement juré d'observer la burgfriede du château dans lequel il allait entrer. Cette hospitalité n'était pas gratuite. L'hôte accepté devait fournir des armes et de l'argent pour la défense et l'entretien du château, et l'importance de sa contribution était proportionnée à celle de son rang. Un prince ou les gens d'une bonne ville étaient taxés à 30 florins d'or avec 3 bonnes arbalètes; un comte ou un banneret à 20 florins avec 2 arbalètes; un simple chevalier ou un écuyer à 10 florins et une arbalète seulement. Le tout devait être fourni et soldé dans la huitaine qui suivait la notification du *recept* au portier, faute de quoi cette notification était considérée comme non-avenue, et les droits qu'elle emportait se trouvaient annulés. Les *parsonniers* ne pouvaient recevoir les ennemis l'un de l'autre; ils se devaient aide réciproque de la part que chacun d'eux avait dans le château. En cas de violences et de torts faits, celui qui aurait par ses actes brisé la burgfriede encourait une amende de 2000 florins d'or, et il était tenu pour déshonoré en toute cour de seigneurie. Le jugement du méfait comme celui de tout débat était déféré à des arbitres nommés par les intéressés. Ceux-ci, au premier avis d'un danger, devaient aviser ensemble à la défense et à la conservation des deux forteresses qui faisaient l'objet du traité. Si on avait le malheur de les perdre on devait les reconquérir en commun et chacun était tenu d'y aider loyalement, l'un ne pouvant rentrer en sa part sans que l'autre eût aussi récupéré la sienne. Les contractants, pour eux et pour leurs hoirs et successeurs, obligeaient en garantie de ces conventions tous leurs biens, et en outre, le corps et les biens de leurs hommes et de leurs fiévés. Telles étaient les principales dispositions de la burgfriede de 1393 pour Albestroff et Guéblange (preuves: XXII). Elles sont reproduites d'une manière presque identique dans les traités de 1396 et 1403 qui concernent Albestroff seulement (preuves : XXVIII et XXXII) ; elles devaient, selon toute vraisemblance, se retrouver de même dans ceux de 1392 et de 1413 dont nous n'avons que la simple indication (preuves : XX, XXXVI et XXXVII).

Ces traités de burgfriede témoignent du caractère violent de l'état social à l'époque à laquelle ils appartiennent. L'usage de la force, la guerre, l'*ultima ratio regum* était à peu près de droit commun alors. Attaquer ou se défendre, s'assurer les moyens de le faire avec succès, tel était le premier des intérêts; c'était, en quelque sorte, le fondement du régime féodal où le service militaire avait été dès l'origine une des principales obligations du vassal à l'égard du seigneur. Tant que dura la féodalité ce devoir en resta comme l'essence même, à ce point qu'elle semblait en dépendre, et que sa décadence commença le jour où l'introduction des armées soldées et permanentes fit graduellement tomber en désuétude le rôle militaire du fiévé. Cette révolution date des quinzième et seizième siècles ; au quatorzième elle s'annonçait à peine ; au treizième on ne la soupçonnait pas encore.

Les nombreux actes d'investiture de cette dernière époque dans nos provinces mentionnent toujours les devoirs militaires du fiévé et parmi eux surtout l'obligation de faire la garde au château du seigneur. Nous avons indiqué précédemment un titre par lequel en 1298, trois gentilshommes, en retour de 500 livres messines qu'ils avaient reçues, vraisemblablement en fief, de l'évêque Gérard de Relange, s'étaient engagés à le servir et à faire la garde au château d'Albestroff (preuves : VI). Nous avons cité aussi une lettre de reprises du moulin d'Hellimer, en 1316, par Heneman de Morsperg, écuyer, qui reconnaissait devoir pour ce fief mouvant de l'évêché de Metz, douze semaines de garde par an au même lieu (preuves : VIII). L'ensemble des fiefs relevant d'un château avec obligation de service militaire pour sa garde et sa défense, formait autour de lui une sorte de dépendance ou de district constituant la châtellenie féodale liée par des rapports étroits à la châtellenie administrative ou domaniale sans se confondre pourtant absolument avec elle. Celle-ci survécut à la première et se perpétua sous diverses dénominations presque jusqu'à notre temps.

Suivant les mémoires de Praillon que le père Benoit cite quelquefois dans son histoire de Metz et que nous ne possédons plus, l'évêque Adhémar, au quatorzième siècle, avait commencé à modifier et à régulariser le système de défense de ses châteaux, en ordonnant, en 1345, que chaque forteresse du domaine temporel de son église serait gardée par dix hommes et un écuyer. En même temps il établissait qu'en cas de guerre ses châtellenies fourniraient chacune mille hommes entretenus par elles pendant deux mois. Raoul de Coucy, dont l'épiscopat embrasse les dernières années du quatorzième siècle et les premières du quinzième (1387-1415), fit faire un pas de plus à l'organisation des troupes régulières dans les domaines de l'évêché ; il décida qu'elles formeraient cinq compagnies d'arbalétriers à 250 hommes par compagnie ; l'une d'elles devait servir dans le château d'Albestroff, les autres dans ceux de Vic et de Remberviller, ainsi que dans les villes de Marsal et de Sarrebourg. Les garnisons fixes tendaient ainsi à succéder aux gardes féodales comme ailleurs les troupes soldées au ban des fiévés. Les cinq compagnies d'arbalétriers de Raoul de Coucy furent cassées, dit le père Benoit, au commencement du seizième siècle par l'évêque Jean de Lorraine qui leur substitua trois compagnies d'arquebusiers.

Non-seulement les garnisons soldées suppléaient aux gardes féodales qu'elles devaient peu à peu remplacer, mais elles modifiaient encore le caractère de certaines obligations du même genre imposées aux hommes de corps sujets de l'évêché. Ceux-ci devaient faire dans les places fermées un service personnel auquel put dès-lors se substituer parfois comme équivalent une redevance en argent. Nous possédons quelques pièces d'époques ultérieures (preuves : LXXI, CXII et CXLIII) qui montrent que la garde était dûe au château d'Albestroff par les habitants des villages de la châtellenie, et que jusqu'au dix-huitième siècle ceux-ci ont payé une rente annuelle pour cette obligation tombée en désuétude. Disons en passant qu'il ne faut pas confondre ces redevances fournies comme équivalent d'un devoir dont on était exonéré, avec celles qui, sous une dénomination analogue, expriment quelquefois pour les habitants non pas l'obligation de garder les domaines du seigneur, mais l'avantage chèrement payé et généralement fort onéreux d'être gardés eux-mêmes par lui.

Pendant le cours du quinzième siècle, le château d'Albestroff dut être, conformément à l'ordonnance de Raoul de Coucy, le poste d'une compagnie régulière de 250 arbalétriers. On se tromperait cependant très-probablement si l'on croyait que cette organisation militaire fonctionna dès-lors sans interruption jusqu'aux réformes de Jean de Lorraine. Les documents historiques nous font malheureusement défaut sur ce sujet ; leur témoignage montrerait vraisemblablement bien des lacunes dans la pratique de ce nouveau régime militaire. Un titre de la fin du quinzième siècle, analysé par le père Benoit dans son histoire, suffit pour justifier ces réserves. C'est une lettre par laquelle l'évêque Henri donnant à bail en 1486, au duc René II son neveu, les salines de Moyenvic et de Marsal qui appartenaient à son église, lui permettait en même temps de mettre des garnisons lorraines, aux frais de l'évêché, dans ses deux places de Baccarat et d'Albestroff (preuves : LII). Le même historien ajoute, d'après un autre titre de la chancellerie de Vic, que le cardinal Jean de Lorraine continua en faveur de son frère, le duc Antoine, le bail des salines de l'évêché ; mais il ne dit pas s'il renouvela aussi à son profit le droit de faire occuper Baccarat et Albestroff par ses soldats.

A partir de l'introduction des garnisons lorraines à Albestroff, en 1486, nous franchissons une longue suite d'années sans rencontrer dans l'histoire aucune mention de cette localité, et sans trouver dans les titres qui la concernent autre chose que des documents administratifs appartenant au commencement du seizième siècle, et les dénombrements fournis à la même époque pour le petit fief des Heringen dont nous avons déjà parlé (preuves : LIV et LVI), avec la nomination en 1511 d'un des membres de cette famille, Henri de Heringen, aux fonctions de châtelain et receveur du lieu (preuves : LIX). Au quinzième siècle, Rodolf de Morsperg, qui pouvait être le bisaïeul de Henri de Heringen, semble y avoir déjà exercé une sorte d'office au nom de l'évêque de Metz (preuves : XLII); et au milieu du quatorzième la liste fort incomplète de ses châtelains commence pour nous par le nom de Steucloz de Gorvilleirs, qui remp issait cette charge en 1353 (preuves : XIV). Cinquante ans environ après la nomination de Henri de Heringen à l'emploi de châtelain d'Albestroff, nous trouvons ce poste occupé par un certain François de la Tour en 1565.

46

Vers cette dernière époque un sieur de Puislecourt avait été fait capitaine d'Albestroff. La lettre de son institution nous a été conservée et sa teneur peut donner une idée du rôle assigné à cet officier au seizième siècle. La pièce écrite à Remberviller le 25 mars 1564, émane du cardinal de Lorraine, administrateur du temporel de l'évêché de Metz, lequel, y est-il dit, établit Jaspart de Rommecourt écuyer, sieur de Puislecourt, capitaine de ses château, terre, seigneurie et châtellenie d'Albestroff, « pour y demeurer, gouverner, ouïr plaintes des habitants et » y pourvoir [1], maintenir la tranquillité, passer revue des sujets » en armes ou autrement, faire garder par eux le château, etc. » aux gages de 200 francs » (preuves : LXIV). Si cette lettre est datée suivant l'usage de Metz, où l'année commençait à l'Annonciation le 25 mars [2], elle est du jour même du changement de millésime, et appartient bien réellement à l'an 1564 (nouv. style); elle lui appartient, à plus forte raison, si elle est datée suivant l'usage moderne, qui se généralisa vers cette époque, de commencer l'année au 1ᵉʳ janvier. Il est dès-

---

[1] On voit par là que le capitaine avait un rôle supérieur à celui du châtelain, et des attributions plus étendues que celles de cet officier, car à la même époque précisément, le cardinal administrateur déclarait par ses lettres du 5 septembre 1564, que son châtelain n'avait aucune juridiction sur ses sujets d'Albestroff (preuves : LXV).

[2] Les usages ont beaucoup varié suivant les temps et les lieux, quant à la manière de commencer l'année, ce qu'on faisait tantôt au premier jour de janvier comme aujourd'hui ou bien à celui de mars, tantôt à Noël (25 déc.), tantôt à l'Annonciation (25 mars), quelquefois même au terme variable de Pâques. L'usage moderne de prendre le commencement de l'année au 1ᵉʳ janvier ne se généralisa guère que pendant la seconde moitié du seizième siècle. Il fut alors prescrit en France par les édits de Charles IX (1563), et en Lorraine par une ordonnance du duc Charles III (1579). A Metz et dans l'évêché il dut naturellement s'introduire vers le même temps, comme une conséquence de la domination française. Précédemment, de nombreuses preuves démontrent que le commencement de l'année était très-anciennement chez nous postérieur au mois de janvier, et nous avons d'un autre côté constaté déjà (pag. 14 en note) qu'au quatorzième siècle, par exemple, il était antérieur à la fête de Pâques. Il y a tout lieu de croire qu'à cet égard on suivait dans le diocèse de Metz l'usage de la province de Trèves, où, selon l'art de vérifier les dates, l'année commençait alors au 25 mars, jour de l'Annonciation. Cela est d'au-

lors permis de voir dans M. de Puislecourt un de ces officiers qui, suivant un document du temps, étaient, quoique commissionnés par l'évêque, assujettis au serment envers le roi, et avaient été mis par le cardinal de Lorraine dans les places de l'évêché, avant 1565, lorsque son crédit à la cour de France était encore dans toute sa force. Mais à cette dernière date, quand la politique de contre-poids de la reine-mère penchant vers les protestants, l'eut jeté, lui et les siens, dans la voie d'opposition qui devait un jour aboutir à la ligue, le cardinal choisit des hommes qui lui étaient plus personnellement dévoués, et les substitua aux premiers dans les postes militaires de l'évêché. Ces nouveaux commandants devaient prêter serment non plus au roi, comme les autres, mais au cardinal seulement, sous l'autorité de l'empire. L'officier envoyé dans ces conditions à Albestroff, y trouva installé François de la Tour à la fois châtelain épiscopal et admodiateur des revenus du domaine, qui, blessé dès le début par son attitude et par ses procédés, réussit à l'expulser et à prendre même son rôle dans le château où il accueillit bientôt après une garnison française.

Nous aurons à revenir sur ces faits qui forment un des épisodes de ce qu'on a appelé un peu fastueusement la guerre cardinale. Il nous en est parvenu un récit contemporain dans lequel on voit figurer pour un instant François de la Tour, châtelain puis capitaine d'Albestroff, comme nous venons de le dire. On perd ensuite de vue ce personnage ; un peu plus tard c'est un sieur George Gaillard[1] qui se trouve à la fin

---

tant plus probable qu'au seizième siècle il en était encore ainsi chez nous, comme le prouve le passage suivant de notre chronique de Ph. de Vigneulles : « En celle année (1518), le premier jour que la dabte se acomence sellon le temporel de la deuant dicte cité (Metz), c'est assauoir à l'annonciate de la glorieuse Vierge Marie, à celluy jour qui est le 25ᵉ jour de mars, advint.... etc. » (*Chron. de Ph. de Vigneulles* dans *les Chron. de Metz*, publ. par Huguenin, page 716).

[1] George Gaillard, châtelain d'Albestroff qui, le 22 juin 1588, donnait ses lettres réversales pour l'admodiation des revenus de la châtellenie (preuves : LXX), n'existait plus au mois de janvier 1596, car à cette date, sa veuve, Diane de Beaufort, prenait cette admodiation pour elle et pour son fils (preuves : LXXIII). Ce dernier, qui se nommait George comme son père, et qui était

du seizième siècle, châtelain et en même temps admodiateur des revenus à Albestroff. Nous avons, dans l'inventaire de 1634 des archives de Vic, la mention des lettres réversales données par lui en 1588 pour cette admodiation (preuves : LXX), laquelle passa ensuite à sa veuve Diane de Beaufort et à son fils (preuves : LXXIII et LXXXVI).

Le rôle de châtelain et celui de capitaine étaient distincts. François de la Tour, investi du premier, avait réussi, en 1565, comme nous l'avons dit, à se saisir en outre du second; ultérieurement (1621) les deux emplois furent encore réunis pour le fils de George Gaillard (preuves : LXXXVI). L'office de capitaine avait pu durer tant qu'Albestroff avait conservé quelque importance militaire ; mais celle-ci s'effaçait sensiblement. La suppression de la souveraineté temporelle de nos évêques la fit peu à peu évanouir. Avant le milieu du dix-septième siècle,

---

vraisemblablement très-jeune lorsqu'il le perdit, passait le 8 juillet 1621, en son propre nom, un marché semblable dans des lettres où il se qualifie escuyer, capitaine et châtelain d'Albestroff (preuves : LXXXVI). Seize ans plus tard nous trouvons, en 1637, un sieur Bietscher installé à Albestroff, dans la charge de châtelain. A cette époque, George Gaillard le jeune n'existait plus. Il était mort en 1635. C'est contre lui, à ce qu'il semble, qu'avait dû être dirigée une mesure rigoureuse dont nous trouvons l'indication dans une note originale conservée à la bibliothèque impériale (Coll. Lorr. vol. 118). Cette note est intitulée : « Déclaration des fiefs à saisir, en l'office de Dieuze, faute de reprises. » Elle mentionne, entre autres, comme étant dans ce cas, le château d'Hellimer et ses dépendances, avec Ackerbach, tenus par le sieur Gaillard, capitaine d'Albestroff. George Gaillard avait acheté en 1622 ce domaine pour lequel il ne fit ses reprises qu'à la fin de 1624. C'est dans cet intervalle que la saisie put être ordonnée ; mais elle ne fut vraisemblablement pas réalisée ou du moins ne fut-elle pas maintenue, car le fief d'Hellimer passa aux descendants de George Gaillard que D. Pelletier, dans son nobiliaire de Lorraine, suit jusqu'au milieu du XVIII° siècle avec le titre de cette seigneurie. L'empereur Ferdinand II, par un diplôme du 12 novembre 1629, avait créé George Gaillard, baron libre du Saint-Empire. Dans cette pièce, dont l'analyse nous a été conservée par dom Calmet (notice de Lorr., t. I, p. 561), il est nommé du Gaillard d'Heillimer, et on y reconnaît que « l'ancienne maison et » famille noble de messieurs du Gaillard, possédait depuis plus de trois cents » ans les premières charges dans l'épée et dans la robe en l'évêché de Metz. » Un arrêt du conseil d'état de Lorraine confirma, dit dom Calmet, tous ces titres en 1745. D. Pelletier donne moins d'ancienneté à l'illustration de la famille, qu'il fait remonter à l'aïeul seulement du châtelain de 1588, Nicolas Gaillard, argentier de l'évêque de Metz, anobli en 1513.

Albestroff et son château, ravagés par la guerre, démantelés, presque détruits, n'avaient plus besoin de commandant militaire; la charge et le titre de capitaine tombèrent en désuétude. Quant au châtelain, il semble avoir disparu lui-même aussi pendant le dix-huitième siècle. Il n'y eut plus, dès lors, à Albestroff que des admodiateurs, fermiers des droits appartenant au domaine.

Après avoir eu, en qualité de receveurs, la perception des revenus de l'évêché, comme on le voit au commencement du seizième siècle (preuves : LIX), les châtelains en avaient pris l'admodiation. François de la Tour la tenait en 1565, George Gaillard en 1588 (preuves : LXX), sa veuve en 1596 (preuves : LXXIII), son fils en 1621 (preuves : LXXXVI). Le successeur de ce dernier semble avoir été un sieur Bietscher qui était châtelain d'Albestroff en 1637 et en 1648, et contre qui, à cette dernière date, les habitants exerçaient des poursuites (preuves : XCI, XCVIII); en 1649 et jusqu'en 1660, c'est Joseph Busselot, sieur du Dordal, qui est châtelain et admodiateur d'Albestroff (preuves : XCIX, CII), puis de 1663 à 1669, André la Combe (preuves : CIII), contre qui un procès est intenté en 1671-1672 (preuves : CVI). En 1670, nous trouvons les deux Crause châtelains et admodiateurs en commun (preuves : CV), en 1693 Claude Godefroy (preuves : CIX), en 1723 le même Claude Godefroy avec Charles Pallot (preuves : CXVI). Après eux, on ne voit plus de châtelains à Albestroff. En 1735, l'admodiation est passée au profit d'un simple laboureur, Jean Dieudonné Rodhain (preuves : CXXII, CXXV). Ce dernier ne semble pas avoir porté le titre de châtelain, quoiqu'aux termes de son bail il dût jouir des château et maison seigneuriale et de leurs dépendances; il est qualifié simplement admodiateur dans une procédure dirigée contre lui en 1740-1741 (preuves : CXXXIII). Ses fils Humbert Nicolas et François les Rodhain (sic) lui succèdent en 1745 à Albestroff (preuves : CXL) dans la ferme des droits et revenus de l'évêché, qui paraît être restée dès-lors, pour une partie au moins, à leur famille[1]. Le dernier admodiateur, celui qui

---

[1] Un état de 1750 indique la division du domaine entre un certain nombre de fermiers dont les principaux sont: Charles Stocker, moyennant une redevance

assista à la saisie révolutionnaire du domaine portait encore leur nom. Il n'est mort, m'a-t-on dit, que depuis une vingtaine d'années.

Nous avons anticipé sur les temps pour dire en une fois tout ce que nous savons des châtelains,[1] capitaines et admodiateurs d'Albestroff. Il faut maintenant revenir un peu en arrière, et nous arrêter à certains faits qui appartiennent à la seconde moitié du seizième siècle, et qui présentent quelqu'intérêt.

IV.

La guerre cardinale 1565. — La guerre des Suédois 1637. — La châtellenie depuis la fin du seizième siècle. — La réunion à la France.

Les châteaux de Vic et d'Albestroff étaient au seizième siècle, avec la ville de Marsal, les principales sinon les seules forte-

---

en grains de 250 paires de quartes estimées 8 livres la paire, et les Rodhain pour les étangs et les moulins, y est-il dit, moyennant paiement annuel de 5200 livres (preuves : CXLI).

[1] Les châtelains de l'évêché ont pu, suivant les temps et les circonstances, avoir des attributions variées plus ou moins étendues. Au seizième siècle, leurs fonctions semblent avoir été purement administratives, le commandement militaire appartenant alors à un capitaine. Nous savons, par le règlement de 1564, (preuves : LXV), que le châtelain d'Albestroff était alors étranger à tout droit de juridiction sur les sujets, et qu'il ne pouvait procéder contre eux que par action devant la justice du lieu. Chargé de veiller à la rentrée des redevances et à l'exécution des services et corvées dûs par les habitants, il était devenu le receveur des revenus de l'évêque (preuves : LIX) et on comprend qu'il ait été plus tard naturellement conduit à s'en faire l'admodiateur. Un document du commencement du dix-septième siècle nous apprend que jusqu'au milieu du seizième les châtelains de l'évêché avaient eu, sans contrôle spécial, l'administration des forêts du domaine dans le district de leur châtellenie, et que ce fut le cardinal Charles I de Lorraine qui mit fin à ce régime défectueux par la création d'un grand-gruyer, de qui releva dès lors tout ce qui concernait la gestion des forêts. Plus tard (1607), le cardinal Charles II supprima la grande-gruerie et la remplaça par trois offices de gruyers particuliers : un pour les trois châtellenies vosgiennes, un autre pour les cinq châtellenies de la Seille et de la Sarre, parmi lesquelles se trouvait celle d'Albestroff, le troisième enfin pour Rémilly et les mairies du val de Metz.

resses de l'évêché de Metz [1], dont le temporel déjà fort réduit se trouvait alors dans une situation des plus critiques. Il y allait de son indépendance menacée par la politique du roi Henri II. Celui-ci s'était déclaré protecteur de l'empire germanique, et il venait de s'emparer de la ville de Metz sous le couvert de cette protection dont il voulait maintenant faire l'application à l'évêché, également terre d'empire. L'évêque de Metz était alors Robert, cardinal de Lénoncourt, qui, dans des vues d'ambition personnelle, avait favorisé l'entreprise du souverain français sur la cité ; mais le temporel de l'évêché se trouvait en même temps, par suite d'un singulier compromis entre les mains du cardinal de Lorraine qui, précédemment évêque lui-même pendant quelques mois, n'avait résigné en 1551 en faveur de Robert de Lénoncourt qu'à la condition d'une séparation effective du temporel et du spirituel, et qui était resté saisi du premier, tout en abandonnant le second.

Le successeur de Lénoncourt, évêque au spirituel et le cardinal de Lorraine en qualité d'administrateur perpétuel du temporel avaient fait au roi la cession des droits aux quels prétendaient les évêques de Metz sur cette ville, tout en réservant la souveraineté des prélats sur les terres de l'évêché. Cependant, si on en croyait Hersent qui a écrit au commencement du dix-septième siècle un livre sur les droits du roi à Metz, le cardinal de Lorraine aurait, malgré la réserve dont nous venons de parler, consenti à ce que Henri II exerçât son rôle de protecteur sur le territoire de l'évêché et mît des garnisons dans ses places. Que ce consentement eût été ou non donné, le roi n'en avait pas moins déclaré que l'évêché était comme la cité elle-même sous sa protection, et pour en assurer les effets il avait ordonné à M. de Vieilleville, gouverneur de Metz, d'envoyer à Marsal une garnison française. On commença aussitôt à travailler aux fortifications de cette ville dont l'occupation suffisait pour dominer le petit état tout entier. Dans les lieux de

---

[1] Nous avons un extrait des comptes du trésorier de l'évêché, qui mentionne, à la date du 12 octobre 1556, le paiement de 102 livres 19 sols 2 deniers tournois, pour la façon de deux arquebuses et affûts dans les places de Vic et d'Albestroff (preuves ; LXIII).

moindre importance tels que les châteaux de Vic et d'Albestroff, on se contenta de placer des capitaines liés par le serment envers le roi ; quant au commandement de Marsal, M. de Vieilleville l'avait donné à un officier espagnol, nommé M. de Salcède, dont le cardinal de Lorraine avait fait son bailli [1].

Le bailli était le premier officier de l'évêché, où il se trouvait à la tête de la juridiction ordinaire et de toute la mouvance féodale. On ne comprend guère, au premier abord, comment le cardinal de Lorraine avait pu investir d'une si grande autorité dans ses propres domaines un officier du roi. Le rôle que jouaient à ce moment dans le royaume les princes lorrains, expliquerait jusqu'à un certain point cet excès de confiance. Le cardinal pouvait n'y voir alors aucun inconvénient, plus tard il eut lieu de s'en repentir. En effet, après la mort de

---

[1] M. de Salcède, d'origine espagnole, occupait la charge de bailli de l'évêché dès l'année 1556 au moins (preuves : LXIII). Il recevait pour cet emploi 400 livres de gages. Précédemment, nous voyons en 1548 au service de France, un Pierre de Salzedo dans lequel il y a vraisemblablement lieu de reconnaître celui qui, moins de dix ans après, était nommé commandant de Marsal par M. de Vieilleville, et bailli de l'évêché de Metz par le cardinal de Lorraine. Je ne sais s'il y avait parenté entre lui et Marie de Salcède, épouse, en 1566, de Jean de Beauvau, sieur de Ponge et de Burlize. En cette année 1566, M. de Salcède, chevalier de l'ordre du roi et gouverneur de Marsal, était condamné par le conseil privé à une restitution de 7500 livres, sur une requête du gouverneur de la saline. Meurisse qui parle de lui d'une manière très-défavorable dans son histoire de l'hérésie à Metz, dit que par son influence les nouvelles doctrines religieuses avaient pris beaucoup de développement dans les villes de Vic, de Marsal et d'Albestroff. Il cite même une lettre par laquelle il aurait le 15 juillet 1565, invité le sieur Taffin, un des ministres de Metz, à venir prêcher à Vic, lui annonçant nombreuse assistance et lui promettant toute liberté. Il favorisait, disait-on, l'hérésie dans son gouvernement comme le faisait à Metz M. d'Ausances, avec qui on assurait qu'il s'entendait parfaitement ; cependant il s'en défendait, à ce que dit Meurisse lui-même. Celui-ci ajoute que de son éducation espagnole, M. de Salcède avait gardé une humeur altière et orgueilleuse qui s'exerçait surtout au détriment de la maison de Lorraine à laquelle il devait cependant toute sa fortune. L'historien de l'hérésie achève ce portrait tracé avec beaucoup de passion, en déclarant que le commandant de Marsal n'était du reste, à proprement parler, ni catholique, ni calviniste, mais athée. Pierre de Salcède périt, dit-on, à Paris, en 1572, dans les massacres de la St-Barthélemy.

Henri II, la prépondérance acquise dans l'état par les chefs catholiques, et surtout par le duc de Guise et par son frère le cardinal de Lorraine, avait effrayé, non sans raison, la reine-mère et avait produit un revirement inattendu dans sa politique. Le fameux édit de janvier 1562, puis le traité d'Amboise signé le 19 mars 1563, après la première guerre civile, avaient fortifié le parti protestant par les avantages qu'ils lui avaient assurés. Les Guise venaient en même temps de perdre le chef de leur maison, le duc François assassiné au siège d'Orléans; leur influence était compromise en France; le cardinal comprit la nécessité de se créer ailleurs un appui. Il le chercha en Allemagne; son évêché de Metz devenait dès lors le centre naturel de ses menées dans cette direction.

Au spirituel, l'évêché avait passé, en 1555, de Robert de Lénoncourt à François de Beaucaire; mais le temporel était resté, sous le nouvel évêque comme sous le précédent, entre les mains du cardinal de Lorraine. Celui-ci nourrissait, disait-on, le projet d'en former une principauté pour son neveu Henri, duc de Guise, et de la lui faire tenir en qualité de prince de l'empire. Il lui fallait pour l'exécution de ses desseins l'assentiment de son cousin le duc de Lorraine dont il contrecarrait ainsi, jusqu'à un certain point, les intérêts; car la création du nouvel état devait faire obstacle à la politique traditionnelle des ducs, lesquels avaient toujours tendu à augmenter leur territoire aux dépens de celui des trois évêchés. Pour tromper cet esprit de convoitise, le cardinal lui avait donné une satisfaction partielle en prodiguant à Charles III et au comte de Vaudémont son oncle, les engagements de domaines de son église. Le roi venait de casser une partie de ces aliénations tout à fait contraires à ses vues; il tranchait déjà du souverain. Le principe de sa protection joint à l'occupation des places de l'évêché par ses officiers allait être une source de sérieuses difficultés pour le cardinal, et celui-ci pouvait alors sentir la gravité de la faute qu'il avait commise en favorisant l'établissement de cet état de choses. Au reste, afin de neutraliser autant que possible ses conséquences, le prélat avait sollicité de l'empereur Maximilien II, pour le temporel de l'évêché, des lettres de sauvegarde qui lui avaient été octroyées le 5 mai 1565, et qui devaient, à ce que déclarait son procureur-général, être une bride pour les Français. Il avait préludé à cette mesure en nommant, comme nous l'avons dit précédemment, dans ses châteaux de Vic et d'Albestroff, de nouveaux capitaines dévoués à sa personne, à la place de ceux qui y commandaient et qui avaient prêté serment au roi. Mais il n'avait encore osé rien entreprendre contre le gouverneur de Marsal, M. de Salcède ; il allait trouver de ce côté une résistance à laquelle il pouvait déjà s'attendre.

Depuis quelque temps le cardinal se plaignait de l'attitude de son bailli. Celui-ci dans l'évêché, comme M. d'Ausances à Metz, passait pour favoriser les nouvelles doctrines religieuses. Le cardinal lui reprochait en outre divers abus dans l'exercice de sa charge ; il en vint même à l'accuser d'excès et de malversations. Cette imputation était-elle fondée, ou bien n'était-ce qu'un coup désespéré à l'aide duquel on comptait se débarrasser de ce surveillant incommode pour le remplacer par un plus docile ? Quoiqu'il en soit de ses intentions, le cardinal ne réussit en cela qu'à provoquer un ennemi passionné qui, armé de l'autorité du roi et agissant résolument au nom des intérêts du souverain, ruina en un instant ses projets d'indépendance.

Nous avons dit que le cardinal de Lorraine venait d'obtenir pour le temporel des lettres de sauvegarde impériale, et de nommer de nouveaux capitaines dans les places de l'évêché. Ces mesures avaient été prises à l'insu de la cour de France, et le prélat aurait voulu qu'on y vît seulement la marque de son zèle pour la religion mal protégée suivant lui par l'autorité du roi qu'on violait impunément partout, tandis que celle de l'empereur pourrait, pensait-il, inspirer plus de respect. Malgré cette interprétation des actes récents du cardinal administrateur, dès que Salcède en est informé, il se met en devoir de les combattre avec énergie. Il arrête dans l'évêché la publication des lettres de sauvegarde qu'on ne réussit à faire proclamer qu'à Moyenvic, à Baccarat et à Remberviller ; il s'oppose à l'installation des nouveaux capitaines, demande des soldats à M. d'Ausances qui était lieutenant pour le roi à Metz, occupe fortement Marsal ainsi que les châteaux de Vic et d'Albestroff, et pour s'assurer toute indépendance d'action vis-à-vis du cardinal, il lui envoie sa démission de bailli. Tout cela s'était fait pendant la première quinzaine de juillet (1565). Le 17 du mois, le cardinal mande à ses sujets et vassaux de l'évêché de venir à son aide contre son bailli rebelle. Il les convoquait en diligence à Saint-Nicolas dans le délai de huit jours. La guerre allait éclater, et à la cour de France, qui était en ce moment à Mont-de-Marsan au fond de la Gascogne, on était à peine informé de ce qui se passait. On venait d'y recevoir de divers côtés des avis contradictoires, d'abord par une lettre du duc de Lorraine, écrite le 12 juillet au sieur de la Roche, maître d'hôtel du roi ; puis par les communications d'un gentilhomme, M. de Boisverdun, envoyé dès le 10 juillet par le commandant de Metz, M. d'Ausances, avec des dépêches ; enfin par le comte Bizet expédié vers le roi par le cardinal lui-même. Le 20 juillet la reine-mère écrit à Salcède pour avoir des explications.

J'ai dit qu'une des premières mesures prises par M. de Salcède avait été de demander des soldats à Metz, pour en garnir les places de l'évêché dont le cardinal venait de changer les commandants. A Albestroff il trouve le champ bien préparé ; le nouveau capitaine y avait dès son arrivée pris une attitude arrogante et usé de violence à l'égard des gens de la maison, occupée alors par François de la Tour en qualité de châtelain épiscopal et d'admodiateur des revenus. Nous avons déjà parlé précédemment de celui-ci ; poussé à bout il avait osé résister au nouveau venu et avait même réussi à lui faire quitter la place. Il tenait seul le château quand le commandant de Marsal s'y présente inopinément accompagné d'une troupe de soldats français. Celui-ci voit M. de la Tour fort irrité contre le cardinal de la part de qui s'était présenté l'intrus qu'il venait d'expulser, et il n'a pas de peine à obtenir de lui reconnaissance de l'autorité du roi, et promesse de garder en son nom le château sous le commandement de M. d'Ausances. Cette assurance prise, Salcède laisse à Albestroff dix de ses soldats et revient à Marsal. Il avait introduit de même une douzaine d'hommes dans le château de Vic. Quant à la ville, elle n'était pas occupée. Le cardinal, sur l'avis que lui en avaient donné les échevins, y envoie ses troupes et fait aussitôt attaquer le château qui, après trois jours de résistance, est obligé le 25 juillet de capituler.

Le prélat avait six canons que lui avait prêtés le duc de Lorraine ; en huit ou dix jours il avait réuni quatorze ou quinze cents cavaliers portant corselet, et il espérait que pour la

mi-août leur nombre aurait monté à 4000 au moins, sans compter les gens de pied. Pour le moment il avait, suivant une énumération détaillée qui nous a été conservée, 500 piétons et 50 chevaux légers que lui avait envoyés l'évêque de Verdun et qu'on appelait dans les bandes la troupe de M. le prince de l'Empire; il avait en outre 300 hommes de pied levés dans le pays et commandés par le capitaine Pierre, plus une partie des compagnies de Messieurs de Lorraine et de Vaudémont, les arquebusiers à cheval ordonnés pour le service du roi à Toul et conduits par le lieutenant lui-même du gouverneur de la ville, la garde de son frère, M. d'Aumale, et une partie de la sienne propre. Ces soldats portaient tous l'écharpe rouge; « ce n'étaient, dit le récit contemporain, les écharpes ni
» de France, ni de l'Empire, ni de Lorraine, mais celles que
» deffunt M. de Guise avait teintes du sang de dix mille hommes
» durant les troubles. » Le cardinal de Lorraine, alors dans la force de l'âge, devait faire belle figure à la tête de ces soldats dans le brillant habit où on nous le dépeint « avec un
» pourpoint de satin noir, un haut de chausses de satin rouge
» fait à la *Grecquesque*, et un bas de chamois. »

Malgré la confiance que ses forces pouvaient lui inspirer, le prélat n'avait pas dédaigné la voie tortueuse des négociations pour arriver à ses fins, qui étaient préalablement d'avoir surtout raison de son ancien bailli. Celui-ci, vers qui on avait envoyé à Marsal le baron d'Haussonville, conseiller et chambellan du duc de Lorraine, avait le 24 juillet donné les mains à un arrangement aux termes duquel les places de l'évêché seraient remises à M. de Vaudémont avec l'agrément toutefois du commandant de Metz, M. d'Ausances. Le cardinal faisait en même temps remontrer à celui-ci qu'il n'en voulait qu'à un serviteur rebelle, et il ajoutait, sans plus parler de M. de Vaudémont et de ses gens, qu'il était prêt à livrer ses places aux officiers du roi, ne demandant pour toute chose que de les voir hors des mains de Salcède. Par ces adroites manœuvres, se trouvaient écartés à la fois le danger de toute résistance de la part de ce dernier et celui d'une intervention hostile des troupes de Metz. Pendant qu'il endormait ainsi d'un côté Salcède, de l'autre M. d'Ausances, le prélat avait fait, comme nous l'avons dit, brusquer l'attaque du château de Vic, et avait obtenu bientôt sans grande peine, sur les quelques hommes laissés par son ennemi pour le défendre, un succès qui flattait son amour-propre.

M. d'Ausances venait d'acquiescer à la proposition de substituer ses soldats à ceux de Salcède dans les places qu'ils occupaient. Le cardinal en reçoit la nouvelle presqu'au moment où il venait d'obtenir la reddition du château de Vic. L'avis lui était apporté par un certain capitaine Jacques des gens de M. d'Ausances qu'il expédie aussitôt à Marsal vers Salcède pour l'en informer. Celui-ci, n'hésitant pas à se fier à un officier de la garnison de Metz, le charge lui-même de ses ordres pour la remise des places réclamées par le lieutenant du roi, et le congédie sous l'escorte d'un homme d'armes nommé Fabron de la compagnie du maréchal de Vieilleville. Le capitaine Jacques et Fabron, dès le soir même à Vic, se présentent devant le cardinal qui à ce moment donnait, dit le récit, le mot du guet à ses soldats. Le prélat, sans perdre de temps, leur adjoint l'un des siens, le sieur de Lenty, et les fait partir sur l'heure pour Albestroff qu'il avait hâte de tirer des mains de Salcède. Les trois envoyés arrivent à destination le lendemain matin (27 juillet). Ils trouvent dans la ville 35 cavaliers sous les ordres d'un sieur Jean d'Avennes, lieutenant du capitaine Roch, qui les accueille sans difficulté. Mais le château restait fermé devant eux ; M. de la Tour qui en était le capitaine était absent, et un simple soldat nommé Labadie qui y commandait refuse d'abord de les y laisser entrer. Cependant le lendemain (28 juillet), ils y sont introduits dès le matin par le lieutenant des cavaliers qui occupaient la ville et ils ne le quittent qu'après y avoir installé une petite garnison sous le commandement du capitaine d'Ivory que M. d'Ausances avait expédié de Metz avec quelques hommes.

La partie la plus sérieuse des projets du cardinal était déjouée, puisque loin d'être affranchi de la protection du roi, il avait dû permettre, voire même réclamer l'introduction de ses soldats dans les places de l'évêché ; mais pour ce qui concernait son débat particulier avec son ancien bailli, il avait eu la satisfaction de lui enlever les deux châteaux de Vic et d'Albestroff, le premier à force ouverte, le second un peu moins brillamment peut-être, mais d'une manière aussi décisive, par l'intervention de M. d'Ausances. Heureux de ces petits succès, il ramène triomphalement à Nancy l'artillerie que lui avait prêtée le duc, et congédie son monde après avoir laissé à Vic et à Moyenvic des garnisons composées chacune d'une compagnie avec quelques cavaliers, sous les ordres d'un gentilhomme lorrain, M. de Bassompierre, décoré du titre de gouverneur. Celui-ci voulut se signaler en faisant presque aussitôt, mais sans résultat, une tentative sur Marsal, place d'une certaine importance où Salcède se tenait cantonné et où il pouvait facilement résister à une attaque et se maintenir.

On en était là quand, le 29 juillet, arrive un courrier de la reine. Ignorant ce qui avait pu être fait depuis le 12 du mois de juillet, date des dernières nouvelles reçues à la cour, elle disait que le roi approuvait purement et simplement la conduite du gouverneur de Marsal, et ordonnait que les places de l'évêché fussent remises en l'état où elles étaient du temps de M. de Vieilleville. La reine mandait en outre au cardinal et à M. de Salcède de venir immédiatement trouver le roi. Ces injonctions sont réitérées un peu plus tard par la bouche de M. de Boisverdun qui rentre à Metz le 7 août. Ce dernier était le gentilhomme que M. d'Ausances avait dépêché vers la cour, à Mont-de-Marsan, au commencement de juillet. En dépit des ordres du roi, le cardinal fait la sourde oreille à la demande de retirer de Vic et de Moyenvic ses garnisons, ainsi que le gouverneur qu'il leur avait donné; il ne se montre pas mieux disposé à aller à la cour pour y fournir des explications. Salcède, de son côté, ne semble pas non plus se soucier beaucoup de s'y rendre. Il différait de jour en jour de se mettre en route, s'excusant sur la nécessité de se tenir à la disposition du cardinal pour répondre à ses réclamations touchant l'exercice de la charge de bailli, et il finit par rester à son poste de Marsal sous le prétexte de parer aux dangers d'une surprise, ayant appris, disait-il, que les deux frères, les cardinaux de Lorraine et de Guise, les grands boute-feux de la chrétienté, comme il les appelait, devaient se réunir à Remiremont. Rien ne fut donc changé dans la situation des choses. Vic et Moyenvic conservèrent les garnisons qu'y avait mises le cardinal; Albestroff semble même lui avoir été rendu peu de temps après par ordre du roi; mais Marsal place principale de l'évêché avait été gardée par celui-ci, et laissée entre les mains de Salcède qui y commandait[1] ; c'était là pour le cardinal un véritable échec.

Meurisse, dans son histoire de l'hérésie à Metz, admet sans hésiter que le mobile exclusif de la conduite du cardinal de Lorraine dans ces circonstances, était le service de la religion et le désir de la défendre dans l'évêché contre la coupable indulgence de Salcède pour les protestants, accueillis, dit-il, et même encouragés par lui. Il se félicite, au reste, du résultat, en affirmant que le protestantisme, déjà introduit dans les principales villes du temporel, à Vic, à Marsal et à Albestroff, en fut dès lors extirpé, et qu'il n'y a plus jamais reparu. Il peut y avoir du vrai dans cette appréciation, mais ce n'est pas là assurément la vérité tout entière, et il est difficile de ne pas voir pour une bonne part dans les menées du cardinal de Lorraine la poursuite de certains résultats politiques que nous avons indiqués, et que révèlent les documents du temps[2]. Nous ajouterons qu'à ce dernier point de vue son entreprise avait

---

[1] Je ne sais si M. de Salcède conserva jusqu'à sa mort (1572) le commandement de Marsal pour le roi. M. de la Routte, qui le tenait en 1589, s'étant alors déclaré pour la ligue, les royalistes de la garnison de Metz lui enlevèrent Marsal par surprise au mois d'avril de cette année. Un an plus tard (25 juin 1590), le duc de Lorraine Charles III s'empara de la place au nom du parti catholique, et la garda. A la fin de 1593 (14 décembre), il en fit définitivement l'acquisition par contrat d'échange avec l'évêque de Metz, qui était alors son propre fils, Charles II cardinal de Lorraine. Cet échange, approuvé par le chapitre et par le pape, fut ratifié en 1601 par le roi Henri IV, conformément à l'article 3 du traité conclu à Saint-Germain le 16 novembre 1594, entre la Lorraine et la France. Depuis lors, Marsal, la principale des places de l'évêché de Metz, a été incorporée à la Lorraine, et a suivi à travers le dix-septième et le dix-huitième siècle, les phases si agitées de son histoire.

[2] Les faits accomplis dans l'évêché de Metz pendant l'été de 1565, sont racontés avec beaucoup de détails dans un opuscule intitulé : « La guerre cardinale de l'administrateur du temporel de l'évêché de Metz, contre le sieur de Salcède, chevalier de l'ordre et gouverneur de Marsal. » Il a été imprimé presqu'au lendemain des événements en un petit volume in-8° de 34 feuillets non paginés, et il en existe de plus un certain nombre de copies manuscrites dans divers recueils de pièces. C'est, il faut le reconnaître, une sorte de factum dirigé contre le cardinal de Lorraine, mais il est très-utile à consulter, rapproché du récit plus succinct que, dans son *Histoire de l'Hérésie*, Meurisse donne des mêmes événements à un autre point de vue.

avorté complétement. Le prélat venait incontestablement d'échouer dans la tentative de reconquérir l'indépendance de l'évêché vis-à-vis de la France. La souveraine autorité du roi, déguisée sous le titre de protectorat, fut dès lors aussi réelle dans le domaine des évêques de Metz que dans la cité elle-même ; cependant elle n'y fut définitivement consacrée qu'au siècle suivant par les stipulations du traité de Westphalie. C'est cet acte célèbre qui, en légitimant les faits accomplis, mit régulièrement fin à la souveraineté des évêques de Metz, ou plutôt aux vaines protestations qui depuis longtemps en formaient à peu près tout l'appareil.

Avant d'arriver, du point où nous sommes, à ce terme extrême, on traverse une période d'agitation pendant laquelle les pays du temporel de Metz, occupés par la France, réclamés par l'Empire, subissent en même temps les rudes contre-coups de la guerre de conquête entreprise sur la Lorraine par le roi Louis XIII. Nous avons vu qu'en 1565, Albestroff avait reçu momentanément une garnison française ; la guerre finie, la petite place n'avait presque plus aucune importance militaire ; elle semble avoir été rendue alors aux officiers de l'évêché. Nous avons eu occasion de constater qu'à la fin du seizième siècle et au commencement du dix-septième, elle était entre les mains de George Gaillard et de son fils qui, l'un après l'autre, y exercèrent le double emploi de châtelain épiscopal et d'admodiateur des revenus, le premier purement et simplement à ce qu'il semble en 1588, le second avec le titre de capitaine en 1621. A cette dernière date on était déjà bien près du triste règne de Charles IV, si funeste à la Lorraine et aux contrées limitrophes. On sait les suites de la témérité de l'infortuné duc et de ses fautes, on connaît aussi les conséquences de l'inflexible politique de Richelieu à son égard : la spoliation des princes lorrains, la conquête de leur malheureux pays disputé avec désespoir par un peuple fidèle, la ruine de ses provinces dévastées à la fois par la guerre, par la famine et par la contagion. Un grand nombre de villes et de villages furent détruits au milieu de ces crises douloureuses ; tous furent amoindris. Les ravages s'étendirent non-seulement sur la Lorraine et le Barrois mais encore sur les pays voisins ; le territoire de l'évêché ne fut pas épargné. Albestroff fut presqu'anéanti ; voici dans quelles irconstances.

La conquête de la Lorraine par la France était devenue comme un des épisodes de la grande lutte qui ensanglantait alors l'Europe entière, la guerre de trente ans. Les protestants, avec qui s'étaient ligués les ennemis de la maison d'Autriche, combattaient d'un côté; les catholiques groupés autour de l'empereur d'Allemagne étaient de l'autre. Le roi de Suède, Gustave-Adolphe, venu en aide aux premiers après les succès remportés par les Impériaux sous Tilly et Wallenstein, avait amené ses bandes victorieuses du nord et du centre de l'Allemagne jusque sur le Rhin, en Souabe et en Alsace. En 1631, le concours imprudent donné à l'empereur par le duc de Lorraine avait attiré les armées suédoises le long du cours de la Sarre. En vain la mort frappait l'année suivante sur le champ de bataille de Lutzen le roi guerrier qui les conduisait à la victoire. Des chefs habiles étaient prêts à lui succéder. Ennemis de l'Autriche ils avaient dès longtemps la France pour alliée naturelle; aux prises maintenant avec le duc de Lorraine ils voyaient se resserrer cette union par le lien de nouveaux intérêts.

Français et Suédois d'une part, Lorrains et Impériaux de l'autre, luttaient avec acharnement en Alsace et en Lorraine, sur un théâtre étendu d'opérations dans lequel se trouvaient enveloppés les anciens domaines des évêques de Metz. A la fin de 1635, Gallas et les Impériaux, après avoir pris Philisbourg, étaient venus, en remontant la Sarre, donner la main au duc Charles IV qui arrivait du sud de l'Alsace et qui avait pris en passant la ville épiscopale de Remberviller. Cependant, après leur jonction, les Impériaux et les Lorrains avaient dû s'arrêter devant les armées combinées française et suédoise fortifiées sur le haut du cours de la Seille, dans une position habilement prise pour protéger la partie principale du temporel de l'évêché et le pays messin. Ils avaient même été à la fin obligés de rétrograder; et Gallas avait ramené ses soldats en Alsace où il les avait cantonnés, après s'être emparé de Saverne. Les Impériaux n'avaient pourtant pas abandonné complétement le cours de la Sarre et ils semblent notamment avoir continué à occuper Albestroff dont ils s'étaient saisis dès leur arrivée dans le pays au mois de septembre 1635 (preuves : XCI).

Après avoir arrêté les Impériaux et les Lorrains pendant la dernière période de la campagne de 1635, les Français et les

Suédois prennent en 1636 l'offensive. Saverne est attaqué par eux à l'improviste et M. de Müllenheim qui la défendait est obligé de capituler au bout de six semaines (14 juillet 1636.) Sarrebourg, Lixheim venaient aussi de tomber entre leurs mains; mais quelques-unes des places de la Sarre, Albestroff entre autres, étaient restées occupées par les Impériaux. Deux ou trois mille hommes de leurs troupes étaient encore, l'année suivante, éparpillés dans ces cantonnements, exposés à un coup de main des Français et des Suédois, maîtres derrière eux de la basse Alsace depuis que dans la campagne de 1636 ils avaient réussi à s'emparer de Saverne. Le 2 juin 1637 un corps de troupes sorti de cette dernière place surprend Albestroff, y entre par escalade, la livre au pillage et ensuite à l'incendie. La malheureuse petite ville était presqu'anéantie. Il faut lire dans un document contemporain qui nous est parvenu les détails de l'épouvantable situation où elle était réduite au lendemain de ce désastre. C'est une sorte d'état administratif dressé peu de temps après l'événement et dont la sécheresse même a une éloquence à laquelle on ne peut rien ajouter [1]. La moitié

---

[1] « Estat auquel se retrouve présentement la ville d'Albestroff et tous les villages deppendants de la chastelainie d'illecq ensemble du nombre des habitants résidants en icelle chastelainie, rédigé par le soubsigné chastelain dudict Albestroff le 23 décembre 1637. — Et premier *Albestroff*. La ville d'Albestroff fut escalladée le deuxième de juin dernier par les trouppes tenantes garnison à Sauerne et la cauallerie commandée par Steincallenfelss, pillée enthièrement et la moitié de tous les bastiments bruslés; en sorte que la plus part des bourgeois dudict Albestroff depuis ce temps ont quictés leur demeure pour cercher du pain çà et là; d'autres qui sont morts et n'y reste plus de bourgeois audict Albestroff que les cy-après, assauoir: 1° Charles Durant maire, 2° Martin Kremer, 3° Stoffel Margo, 4° Euluin Grausch, 5° Adan Margo, 6° Michel Margo, 7° Claude Christofle, 8° Jean Lienhardt sergent, 9° Jean Foussatte forestier à cheual, 10° et 11° Jean Clossquin et Petter Creppin, qui sont chargés de fournir le seruice aux soldatz impérinulx qui tiennent garnison audict Albestroff en nombre de trente, et un lieutenant qui leur commande, par sepmaine 60 fraus outre les bois de chauffage qu'ils fournissent et des cornées que journellement on leur fait faire. Toutes les maisons qui n'estoient habitées sont desmolies par les soldats qui n'usent d'autre bois de chauffage que de celuy desdictes maisons. En somme l'estat desdicts bourgeois et de ladicte ville est tellement misé-

des maisons était brûlée, les habitants étaient tués ou dispersés. Six mois plus tard onze bourgeois réfugiés au milieu des ruines de leurs anciennes demeures étaient tout ce qui restait de la population d'Albestroff, et les villages de la châtellenie étaient entièrement abandonnés. Il semble résulter des termes mêmes du document qui nous a conservé ces détails, qu'après leur expédition les troupes de Saverne s'étaient retirées et qu'ultérieurement Albestroff avait été de nouveau occupé par les Impériaux. Au mois de décembre suivant, trente de leurs soldats campés sur ses débris fumants achevaient de la détruire, en brûlant pour se chauffer ce que l'incendie du 2 juin avait épargné, et en affamant les onze misérables bourgeois que tant de désastres n'avaient pas pu détacher de ce sol dévasté.

Albestroff se ressentit cruellement des suites de l'escalade et du pillage de 1637. Le temporel tout entier était au reste, comme les provinces environnantes, épuisé par les fléaux qui l'avaient frappé presque sans relâche depuis plusieurs années.

» rable qu'il ne se peut davantage. — *Helligmer*. Le quar de la seigneurie
» d'Helligmer deppend de la chastelainie dudict Albestroff et pour subjectz
» s'y retrouvent encore: 12° Nicquel Schrach, 13° Petter Oster, 14° Paulus
» Haimen, et 15° Adam Maçon. Tous les autres sont morts. — *Giuricourt*.
» A Giuricourt ne réside personne, le village estant abbandonné et ne
» scait-on s'il y a encore quelqu'un des subjectz d'illecq viuantz. — *Kappel-*
» *kinger*. A Kappelkinger ne réside personne que Stofels, Conradt 16°
» et 17° dherniers habitants qui à cause de caducité et maladie ne peuuent
» se retirer ailleurs. — Dedans tous les autres villages de la dicte chastelainie
» assauoir Uberkinger, Wentzviller, Staimbach, Gebling, Schweix, Adwiller,
» Hassembourg et Quiruiller ne réside personne depuis un an en ça ; ains
» sont les villages abbandonnés ; ne scait on s'il y a encore aulcun subject en
» vie ny où ilz se peuuent auoir retirés. Voilà le sommaire de l'estat auquel
» se retrouve présentement la chastelainie dudict Albestroff, que le soubscript
» certifie véritable par son seing cy mis. Faict les an et jour auandictz.
» (Signé:) Bietscher. — Est à notter que la dicte ville d'Albestroff le chasteau
» et toutes les deppendances de la dicte chastelainie sont entre les mains des
» Impériaulx depuis le passage de l'armée commandée par Gallas que fut
» sur la fin du mois de septembre de l'an 1635. (Signé :) Bietscher. — Le 23
» de décembre 1637 affirmé entre les mains du sieur chancellier de l'éuesché
» de Metz le contenu des présentes en présence de Claude Facault (juré?) à Vic
» et Jean Voquin de Remilly. (Signé:) de Ramberuiller. (Preuves: XCI). »

La guerre, la peste, la famine y avaient exercé d'affreux ravages[1]. Le pays était ruiné, les revenus de l'évêché étaient réduits dans une effrayante proportion[2]. Pour ce qui concerne la châtellenie d'Albestroff, l'admodiation de son domaine, qui montait à 3600 francs en 1599 et à 7700 en 1621, était descendue en 1649 au-dessous de 2000 ; elle était tombée à près de 1000 en 1657. Elle se releva graduellement ensuite ; elle dépassait le chiffre de 2000 livres à la fin du dix-septième siècle, et dans les cinquante années qui suivirent elle atteignit celui de 6000[3].

---

[1] A Albestroff même le souvenir de ces malheurs était perpétué par une croix érigée sur le lieu de sépulture des victimes moissonnées par la guerre et la contagion au commencement du dix-septième siècle. On en voit encore aujourd'hui quelques restes à une petite distance du bourg, du côté du couchant.

[2] D'après un mémoire de l'année 1607, conservé à la bibliothèque impériale dans les manuscrits de Brienne (vol. 126), les revenus bruts de l'évêché de Metz étaient, au commencement du dix-septième siècle, d'environ 70,000 fr. lorr., dans lesquels le produit des aides ordinaires figurait pour près de 10,000 fr., celui des salines et des salpêtres pour un peu plus que cette somme, et celui des bois pour à peu près autant ; enfin 40,000 fr. environ provenaient de l'admodiation des domaines dans les châtellenies, moins ceux de l'une d'elles, la châtellenie d'Haboudange, alors engagée à un sieur de Chambray. En défalquant de ces 70,000 fr. de recette 20,000 fr. environ qui formaient alors le montant des charges de l'évêché, il restait 50,000 fr. pour son revenu net, et ces 50,000 fr., d'après le document auquel sont empruntés ces chiffres, valaient un peu plus de 30,000 livres. Voilà ce qu'étaient les finances de l'évêché de Metz au sortir du seizième siècle. Je n'ai pas d'indication précises sur ce qu'elles étaient devenues cinquante après, mais on peut s'en faire une idée en se représentant d'abord le trouble qu'avaient dû apporter dans le régime des bois et des salines les désordres d'une guerre de plusieurs années, puis la réduction qu'avaient subi nécessairement le produit des aides et celui des domaines, par suite de la diminution d'une population décimée par des misères de toute sorte. Pour ce qui est des domaines qui fournissaient plus de la moitié des revenus de l'évêché, on se rendra compte de ce qu'ils avaient pu devenir en considérant que dans la seule châtellenie d'Albestroff, qui en comprenait à peu près la douzième partie, leur admodiation, qui était, en 1607, de 5200 fr. était descendue à 1100 en 1657.

[3] Voici les renseignements que nous trouvons sur cet objet dans les documents qui sont venus jusqu'à nous. Les revenus de la châtellenie d'Albestroff sont admodiés pour 3600 fr. lorr. en 1599 (preuves : LXXIII) ; pour 7700 fr. lorr.

Vers l'époque de sa réunion à la France, la châtellenie d'Albestroff comprenait une douzaine environ de bourgs ou de villages distribués en trois groupes distincts mais peu distants l'un de l'autre : c'était d'abord Albestroff et son château ; puis, à quelques lieues vers le nord, Hellimer dont une portion seulement appartenait à l'évêché; et au levant, sur les rives de l'Albe, le val de Guéblange dans lequel se trouvaient les villages de Guéblange, de Hazembourg, de Kirwiller, et pour pour une partie ceux de Schweix, d'Audwiller, de Wentzwiller, de Steinbach, de Kapelkinger et d'Uberkinger. Il serait difficile aujourd'hui de dire à quelle époque et comment s'était formé cet ensemble de dépendances autour du château d'Albestroff. A partir de 1598 seulement, nous avons pour les dix-septième et dix-huitième siècles des nomenclatures détaillées des lieux qui composaient la châtellenie ; elles reproduisent, à quelques variantes près d'orthographe, les noms des villages que nous venons d'énumérer¹. On y trouve cependant, sur un rôle daté de 1634,

---

en 1621 (preuves : LXXXVI) ; pour 1800 fr. lorr. en 1649 (preuves : XCIX); pour 1100 fr. lorr. en 1657 (preuves : CII); pour 2100 fr. barr. en 1665 (preuves : CIII); pour 2800 fr. barr. en 1670 (preuves : CV) ; pour 2200 livr. en 1693 (preuves : CIX). Le prix de l'admodiation est porté en 1735 à 6360 livres de France, plus 150 paires de quartes de grains (preuves: CXXII), et à 3960 livres au cours de France, plus 180 paires de quartes de grains en 1745 (preuves : CXL).

¹ Ces variantes dans l'orthographe, et jusque dans la forme essentielle des noms sont assez notables, et méritent d'être conservées ; les voici d'après six documents dont les dates sont comprises entre la fin du seizième et le milieu du dix-huitième siècle, et qui présentent à diverses époques l'énumération des lieux composant la châtellenie d'Albestroff.

1598.—Albestroff, Heilligmer et le val de Guéblanges comprenant: Schwects, Guebling, Adwiller, Wentzwiller, Staimbach, Cappelkingner, Uberkingner, Hassombourg, Quiruille (preuves : LXXII).

1625. — Albestroff, Hellimer en partie, Schemdize, Gebling, Otteville, Weinville, Stembert, Niderringer en partie, Euberringer en partie, Hasembourg, Quiruille (preuves : LXXXVIII).

1634. — Albestroff, un quart de Deliemgnie, le val de Guéblanges comprenant : Schweih, Guebling, Adviller, (Wentzveiller), Steinbach, Cappelbinger, Ubrehinger, Hazembourg, Hiruiller, Giuricourt (preuves : XC).

l'addition du village de Givricourt, fondé en 1609 près du bourg de Munster, à quelque distance au sud du val de Guéblange ; et au milieu du dix-huitième siècle, on y voit, pour la première fois, la mention du fief de la Vallerade qui est voisin d'Albestroff, et dont la création appartient aussi au commencement du dix-septième [1].

Nos informations, pour ce qui est de la population de ces lieux, ne remontent pas plus haut, on ne saurait s'en étonner, que celles que nous avons touchant leur agrégation. Notre plus ancien renseignement sur cet objet résulte d'un document de la fin du seizième siècle qui nous en donne avec une certaine précision le tableau succinct. C'est un rôle dressé pour l'assiette d'une taxe impériale jetée sur le temporel de l'évêché de Metz en 1598. Albestroff y figure avec l'indication de 64 conduits, c'est-à-dire 64 ménages frappés par la contribution ; ce qui ne

---

1664. — Alberstroff, Heligmer, Schueix, Guelbing, Aduiller, Ventzuuiller, Steinbach, Cappelkinger, Zayembourg, Kiruiller, Guiricourt (preuves : CIV).

1700 environ. — Albestrof, un quart de Helymer, Schvert, Gueblin, Audviller, Ventzviler, Steinbach, les deux Kinger (Capolkinger et Uberkinger), Hassembourg, Quirviller, Ampatte dit Givricourt (preuves : CXI).

1755. — Albestroff, un quart de Heillimer (les trois quarts à M. du Gaillard, baron de Heillimer), Schueix, Gueblange, Audviller, Ventzviller, Steimbach, Kapel et Obert Kigneur pour un huitième (les sept huitièmes au comte de Helmestat), Hazembourg, Kirville, Givricourt et le fief de la Vallerade (preuves : CXLIII).

[1] La Vallerade était une maison franche constituée en 1602 sur des terres incultes situées dans un lieu dit la Vallerachl, près d'Albestroff. L'évêque de Metz en avait fait alors la concession moyennant un cens annuel à noble Balthazar Royer (ou Rouyer ?), membre de son conseil privé, et à son épouse. Nous avons les lettres réversales données par eux pour cet objet le 16 février 1604 (preuves LXXVI). — Givricourt avait une origine semblable, due au défrichement d'environ 1150 arpents de bois dans la forêt de Hampatte concédés moyennant un cens annuel par le cardinal de Givry, évêque de Metz, à Didier Tassenet, dit le capitaine Lanoue, et à Jean Bouvier et consors, dont les lettres réversales, données le 24 nov. 1609 pour cet objet, nous sont aussi parvenues (preuves : LXXX). M. Lepage a donné dans ses *communes de la Meurthe* les lettres d'érection datées du 21 octobre précédent. Le nom du cardinal de Givry avait servi à former celui du nouveau village qui venait enrichir son domaine.

fait guère que 300 habitants, en comptant cinq personnes par ménage. On n'y mentionne à Hellimer que 8 conduits soumis à la cotisation, parce que le bourg n'appartenait à l'évêché que pour une partie seulement ; le val de Guéblange, enfin, suivant ce tableau, ne fournit pas plus de 88 conduits pour les neuf ou dix villages qui le composent. Tout cela réuni ne dépasse pas 157 conduits, c'est-à-dire sept ou huit cents habitants environ pour toute la châtellenie. Cette population si faible dut vraisemblablement diminuer encore pendant la première moitié du dix-septième siècle, sous le coup des malheurs de cette triste époque. Nous savons que ces calamités n'atteignirent pas moins les divers lieux de la châtellenie que la petite place d'Albestroff elle-même, et que, lorsqu'à la fin de 1637 la population de celle-ci était réduite à 11 bourgeois, celle des villages environnants était entièrement dispersée. Cet abandon complet peut bien n'avoir été que momentané ; au lendemain de pareilles crises il n'était que trop naturel ; mais quand le calme eut reparu, les efforts pour y remédier ne firent pas défaut. Une requête des habitants à l'évêque de Metz, au milieu du dix-huitième siècle (preuves : CXXXIV), rappelle un arrêt de 1680 du conseil du roi par lequel, en vue de repeupler les villages de la Sarre, promesse était donnée à qui viendrait s'y établir de ne soumettre qu'à une faible redevance les terres nouvellement défrichées.

A peine entrés sous la domination du roi, ces lieux faillirent en sortir par suite des combinaisons d'une négociation. En 1697, Louis XIV rendant la Lorraine à ses ducs, s'était réservé par le traité conclu à cette occasion la prévôté Barrisienne de Longwy qui était nécessaire à la formation de la frontière française, du côté du Luxembourg. Le roi s'était au reste engagé à fournir pour ce territoire un équivalent pris sur celui des Trois-Évêchés et pouvant convenir à la Lorraine. Les négociations relatives à cette opération traînèrent en longueur pendant vingt années ; nous avons dans les cartons de la collection lorraine, à la bibliothèque impériale, de nombreux mémoires et des travaux de diverse nature exécutés en vue de cet échange. La châtellenie d'Albestroff est un des équivalents dont la cession par la France fut alors proposée. Certaines notes rédigées pour cet objet font voir que le pays s'était peu à peu relevé des misères qui l'avaient accablé pendant le dix-septième siècle. Au commencement du dix-huitième, les dix ou douze villages de la châtellenie payaient une subvention de 600 livres répartie entre 162 feux, qui sont à peu près la même chose que les 157 conduits de 1598. Mais on n'était revenu ainsi qu'au point où l'on se trouvait à la fin du seizième siècle, et on n'avait pas encore reconquis tout ce qu'avait pu y ajouter, avant la période de décadence, le premier tiers du dix-septième. Aussi on comprend que les négociateurs lorrains appréciant alors la valeur de ce qu'on leur offrait, aient pu écrire dans des mémoires qui nous ont été conservés : « La » dépendance d'Albestroff est un bon terrain, mais il y a des » villages qui ne sont encore remis qu'à demi. » La cession de la châtellenie d'Albestroff à la Lorraine n'eut pas lieu. Elle n'aurait pu d'ailleurs que retarder quelque peu l'union définitive de cette contrée à la France, car celle-ci devait bientôt absorber les états lorrains eux-mêmes, comme elle l'avait déjà fait de la cité et de l'évêché de Metz.

Dans la distribution moderne des territoires, au point de vue administratif, la vieille châtellenie épiscopale a été presque tout entière séparée de son ancien chef-lieu. Tandis que celui-ci, avec la cense de la Vallerade et le village de Givricourt, était rangé dans le département de la Meurthe, les autres lieux qui en dépendaient jadis étaient donnés à celui de la Moselle. Hellimer, Kirwiller et Hazembourg y constituent maintenant chacun une commune distincte. Kapelkinger et Uberkinger ont été réunis il y a cinquante ans pour en composer ensemble une seule, et vers la même époque, on en a fait une aussi des cinq villages de Guéblange, de Schweix, d'Audwiller, de Wentzwiller et de Steinbach [1], en donnant les quatre derniers pour annexes au premier qu'ils enveloppent, et avec lequel ils forment un groupe assez serré.

---

[1] Cette réunion, opérée en 1811-1813, ne faisait que reconstituer un état ancien ; car les lieux qu'elle rapprochait, unis autrefois sous le nom de Val-de-Guéblange, n'avaient été séparés pour former autant de communes distinctes qu'en 1801 seulement. (*Le territoire du département de la Moselle*, par M. de Chastellux.)

Pour les derniers temps on ne trouve plus à rapporter que bien peu de chose qui soit digne d'intérêt sur Albestroff[1]. Les titres qui regardent cette localité au dix-septième et au dix-huitième siècles sont cependant assez nombreux, mais ce sont presque exclusivement des documents administratifs. Ils concernent surtout le régime domanial, les redevances, les corvées, les contributions des communautés pour l'entretien et les réparations du château, l'exploitation et les usages des bois, les baux, les admodiations. Pendant le cours du dix-huitième siècle, Albestroff dépendait de la subdélégation de Vic au département de Metz; en 1789, ce bourg devint le chef-lieu d'un canton du district de Dieuze; il fait maintenant partie de l'arrondissement de Château-Salins et du département de la Meurthe. Sa population est en voie de progrès, elle n'était que de six cents habitants en 1802, aujourd'hui elle en compte huit ou neuf cents.

Albestroff, renouvelé après les calamités du dix-septième siècle, ne recouvra pas l'enceinte de murailles qui lui donnait jadis son importance. Un titre de 1755 (preuves : CXLIII) rappelle que les droits de gabelle avaient été anciennement concédés à la communauté par les évêques, à charge de réparer et d'entretenir les murs qui enfermaient la ville, et il ajoute que ce revenu doit faire retour au fisc épiscopal, attendu que les conditions mises à sa concession ne sont plus remplies, les murailles et les portes du lieu étant à l'état de ruine et tout à fait abandonnées. Aujourd'hui on ne retrouve guère que leur emplacement. Quant à l'ancien château des évêques de Metz, s'il n'est pas aussi complètement effacé, il n'en reste cependant que bien peu de chose. La tradition du pays rapporte sa destruction à la guerre des Suédois; c'est sous cette forme, heureuse pour notre patriotisme, que s'est perpétué dans la mémoire du peuple le souvenir des guerres épouvantables déchaînées sur nos provinces par la politique de la France au commencement du dix-septième siècle. Redoutables crises

---

[1] On peut citer la mention isolée d'une confrérie des *arquebusiers du château-fort* qui, suivant M. Lepage (Statistique de la Meurthe), existait en 1640 à Albestroff sous le patronage de saint Sébastien.

d'enfantement de notre nationalité moderne; épreuves douloureuses dont nos pères ont supporté le poids et dont nous recueillons les fruits. Nous avons esquissé rapidement une faible partie de ces effroyables ravages; nous avons mentionné l'épisode du sac d'Albestroff, en 1637, par les troupes de la garnison de Saverne, où les Français du cardinal de La Valette étaient malheureusement mêlés, il faut le reconnaître, aux Suédois du duc de Weimar. L'opinion qui rattache à ces événements la destruction du château d'Albestroff est très-vraisemblablement conforme à la vérité ; on conçoit que la vieille forteresse enlevée probablement alors avec la petite ville qu'elle accompagnait ait bien pu ne pas se relever du désastre qui lui fut alors infligé. Quelques parties de l'antique édifice résistèrent cependant à la ruine et subsistent encore ; mais elles sont comme perdues au milieu des constructions modernes qui ont complètement modifié l'aspect des lieux ; elles sont maintenant tout à fait méconnaissables. Ce qui reste de l'ancienne maison de nos évêques frappé avec le domaine tout entier par la confiscation de 1789, puis aliéné par l'état [1], est devenu aujourd'hui une propriété privée.

---

[1] On lit dans l'ouvrage de M. Lepage, *les communes de la Meurthe*, que le château d'Albestroff avec ses dépendances fut vendu au sieur Brouu, le 11 juillet 1791.

APPENDICE.

Parmi les hommes que nous voyons à différentes époques jouer un rôle à Albestroff, quelques-uns, comme les évêques de Metz et les ducs de Lorraine, par exemple, sont des personnages considérables et parfaitement connus, mais d'autres ne tiennent qu'une place secondaire dans l'histoire, et ce n'est qu'après quelques recherches qu'on peut savoir, jusqu'à un certain point, ce qu'ils sont. J'ai dû faire ces recherches et j'ai consigné leurs résultats dans de courtes notices qui, sous les noms de ces divers individus et de leurs familles, sont classées par ordre alphabétique dans le présent appendice.

APREMONT. — La famille d'Apremont est une des plus considérables de la province et sa généalogie a été l'objet de nombreux travaux. Sa ligne principale est bien connue à partir surtout du commencement du XIII° siècle. Cette famille prenait son nom d'un château disparu aujourd'hui, qui était aux environs de St-Mihiel et qui formait son principal domaine. Elle en fut cependant dépouillée vers le milieu du XIV° siècle; il passa alors aux d'Autel et plus tard de ceux-ci aux Linange. La famille d'Apremont était loin d'être éteinte à cette époque, et elle fournit pendant longtemps encore une nombreuse postérité. A la fin du XV° siècle elle se partagea en 2 branches : celle de Busancy et celle de Nanteuil. C'est à un des nombreux rameaux de la dernière qu'appartenait, au XVII° siècle, Charles comte d'Apremont, marquis de Chémery, dont la fille unique, Marie-Louise, épousa à 13 ans, en 1665, le vieux duc de Lorraine, Charles IV. — *Jean d'Apremont*, qui tenait Albestroff en 1548 est, selon toute apparence, l'oncle de celui qui, au XIV° siècle, fut dépouillé du domaine de la famille. Jean avait un frère aîné nommé Geoffroy. C'est celui-ci qui, en dépossédant son propre fils, causa l'amoindrissement de sa maison. Geoffroy et Jean étaient fils de Gobert d'Apremont et de Marie de Bar. Nous trouvons les deux frères mentionnés ensemble dans diverses pièces de 1335, 1347, 1354 et 1361. Celle de 1335 est l'acte du partage fait entre eux des héritages de leur père et de leur mère. Jean avait emporté dans son lot la part des voués à Conflans en Jarnisy, fief du comté de Luxembourg, et une portion de Rouvre qui relevait de l'évêché de Verdun; il possédait en outre la seigneurie de Forbach qui ne figure pas dans l'acte de 1335 et qui lui venait vraisemblablement de sa femme Marguerite de Forbach. Il est ordinairement désigné par ses titres de seigneur de Conflans et de Forbach; il n'avait conservé Rouvre que peu de temps et n'avait pas tardé à l'échanger pour Mandres-aux-Quatre-Tours (1339). A partir de 1335 le nom de Jean d'Apremont, sire de Conflans et de Forbach, figure dans un grand nombre de titres dont le dernier, sous la date du 16 nov. 1373, est une assignation de rente faite par lui à un écuyer de Friauville qui l'avait servi. Jean d'Apremont dut mourir vers cette époque. Ses armes qu'on voit sur plusieurs sceaux étaient celles d'Apremont, de gueules à la croix d'argent, avec une merlette au franc canton pour brisure. Il avait été en 1342, avec le comte de Deux-Ponts et le comte Simon et Nicolas de Salm, lieutenant de l'évêché de Metz, pour Adhémar de Montil, et comme eux il avait eu de fortes réclamations à faire valoir contre l'évêque pour les dépenses que lui avait occasionnées cette commission. En 1348-1349, il avait eu l'évêque et la cité de Metz pour alliés contre les sires de Fénestrange qui lui disputaient Albestroff. C'est cet épisode de son histoire qui nous a conduit à nous occuper de lui. En 1351 et en 1357, il se joignait à la duchesse de Lorraine contre la cité de Metz; en 1363 il se rendait en otage dans cette ville pour le duc de Bar; en 1370 enfin, il figure parmi les nombreux garants de la dette considérable que ce prince avait dû souscrire au profit des Messins pour recouvrer sa liberté, après le combat de Ligny, où il était tombé entre leurs mains. Jean d'Apremont, sire de Conflans et de Forbach, mourut vraisemblablement peu de temps après, vers la fin de 1373, comme nous l'avons dit.

(Du Fourny, invent. ms. des titres de Lorr.. — Preuves de l'hist. de Lorr., par D. Calmet. — Preuves de l'hist. de Metz par les Bénédictins. — Huguenin, chron. de Metz).

BAYER DE BOPPART. — La famille des Bayer de Boppart est éteinte depuis la fin du XVI siècle. Leur généalogie est très-mal établie malgré la notoriété dont ils ont joui aux XIV et XV siècles surtout. Humbracht, dans son ouvrage sur la noblesse des provinces du Rhin, en donne, il est vrai, un tableau; mais son travail est très-insuffisant à en juger par ce qui regarde ceux des membres de cette famille que nous connaissons le mieux. Deux d'entre eux qui figurent sur la liste de nos évêques donnent particulièrement lieu à cette observation. L'un, Thierry, avait été d'abord évêque de Worms; c'est là tout ce que Humbracht dit de lui et il indique sa mort sous la date de 1366 qui est celle de son passage au siége de Metz où il vécut encore pendant près de vingt années (1366-1384). Quant au second évêque de Metz de la même famille, Conrad Bayer qui a siégé de 1415 à 1459, Humbracht ne le mentionne même pas. Il garde le même silence sur les frères et les neveux du prélat, qui ont vécu dans notre province et qui y ont joué pendant le cours du XV siècle un rôle qui n'est pas sans importance. Pour ce qui est du reste de la généalogie publiée par Humbracht, il est très-difficile de faire concorder ses données avec les documents assez nombreux que nous possédons, grâce surtout aux analyses de du Fourny (invent. ms. des titres de Lorr.). Ces documents suffisent heureusement pour que nous puissions nous rendre compte des liens de parenté existant entre les membres de la famille qui figurent dans notre histoire, et c'est ce qui nous importe surtout. — Les Bayer de Boppart, que d'anciens nobiliaires rattachent à l'électorat de Trèves, sont vraisemblablement, comme leur nom l'indique, originaires de la petite ville de Boppart située sur le Rhin entre

Bingen et Coblence. En les voyant dès le XIVᵉ siècle dans notre province assez éloignée du lieu de leur origine, on serait tenté de croire qu'ils y ont été attirés par l'évêque Thierry, celui des leurs qui, en 1366, vint occuper le siége de Metz en quittant celui de Worms; cependant nos anciens titres signalent déjà en 1321 un Erard Bayer, seigneur de Perpont, qui pourrait bien être de la même famille. Quoiqu'il en soit, nous voyons dans le courant du XIVᵉ siècle, auprès de l'évêque Thierry, deux frères, Henri et Conrad, qui étaient ses petits-neveux et qui lui survécurent. Ils étaient chevaliers et semblent avoir pris dans le pays une position considérable. On ne sait pas si Henri fut marié et laissa des enfants, mais on connaît à Conrad une épouse, Marie de Parroy, ainsi que trois fils et une fille. Celle-ci, nommée Lize, fut mariée à un certain Arnould de Sierk; quant aux trois fils, l'un est Conrad qui fut évêque de Metz en 1415, comme le grand-oncle de son père, les deux autres, Thierry et Henri, décorés comme leur père de la chevalerie, ont fait souche. Thierry était seignʳ de Maignières; il avait pour épouse une dame nommée Blanchefleur, qu'on a quelque raison de croire de la famille de Fénestrange et il semble avoir laissé un fils nommé comme lui Thierry; quant à Henri il était seignʳ de Château Brehain et de la Tour en Ardennes, et il eut trois fils : Jean, archidiacre de Trèves et de Metz, Henri chlʳ et Rodolf, et une fille nommée Valburge qui était, en 1416, promise à Jean de Haraucourt. Tel est le groupe de famille qui, aux XIVᵉ et XVᵉ siècles, accompagne nos deux évêques Thierry et Conrad Bayer de Boppart. Nous sommes moins bien informés sur le compte de ceux qui plus tard continuèrent la maison pendant la fin du XVᵉ siècle et au XVIᵉ, jusqu'à George Bayer de Boppart, sʳ de Château-Brehain, tué devant Offen en 1598, et qui mourut, dit-on, à 53 ans le dernier de sa race, laissant son héritage à ses deux sœurs, mariées l'une à un Choiseuil, l'autre à un Créhange. Les armes pleines des Bayer de Boppart sont, suivant les anciens armoriaux, d'argent au lion de sable armé lampassé et couronné d'or; ce sont celles qu'on voit sur le sceau de l'évêque Thierry au XIVᵉ siècle. L'écu armorié de l'évêque Conrad, lequel était, selon toute apparence, aussi celui de son père Conrad et de son oncle Henri, est écartelé des armes de Bayer comme je viens de les décrire et de celles de Leusenich ou Lossenich, qui sont de gueules à un dextrochère au naturel revêtu d'argent tenant un anneau d'or, et environné de trois croix fleuronnées au pied fiché de même posées une et deux. Ce sont ces armes qui figurent sur les sceaux de l'évêque Conrad et sur ceux de ses frères. Leur composition rappelle non la mère du prélat qui était une Parroy, mais son aïeule Lize de Lossenich, épouse de Henri Bayer de Boppart chlʳ, mort en 1374, que Humbracht donne pour neveu à l'évêque Thierry. C'est ce Henri, mort en 1374, qui serait le père des deux frères Henri et Conrad Bayer chevaliers, que j'ai indiqués plus haut comme étant les petits-neveux du prélat. — *Henri Bayer de Boppart chlʳ*, détenteur d'Albestroff en 1388, est un des deux fils de Henri Bayer chlʳ, mort en 1374; il est petit-neveu de l'évêque Thierry (74ᵉ év. de Metz, 1366) et oncle de l'évêque Conrad (77ᵉ év. de Metz,

1415). Il est moins connu que son frère Conrad et que les fils de ce dernier mentionnés fréquemment dans notre histoire. On ne sait guère de Henri que ce qui regarde la gagière de Hombourg et celle d'Albestroff tenues de l'évêché de Metz par lui et par son frère. La première causa la guerre de 1388, la seconde occasionna la ligue formée en 1391 entre l'évêque de Metz celui de Strasbourg et le duc de Lorraine pour la ressaisir (preuves : XX). On a peu de détails sur cette dernière affaire ; on connaît seulement d'une manière succincte le siége et la prise d'Albestroff où Henri Bayer tomba entre les mains des confédérés, et sa captivité à Marsal. On a aussi quelques indications peu explicites sur une autre guerre allumée, on ne sait par quels motifs, un peu plus tard (1395), entre Henri Bayer et le duc de Lorraine envers qui nous voyons l'évêque de Metz, Raoul de Coucy, prendre alors l'engagement de rester neutre dans cette nouvelle querelle (preuves : XXVI). Là se borne à peu près ce que nous pouvons dire de Henri Bayer de Boppart chlr. Nous ajouterons seulement quant à sa mort, qu'elle dut suivre de près son dernier débat avec le duc de Lorraine. Elle eut lieu, vraisemblablement, entre le 21 octobre 1395 et le mois de décembre 1396 ; la première de ces deux dates étant celle du traité par lequel l'évêque Raoul promettait de ne pas lui prêter assistance contre le duc, la seconde se rapportant à une quittance donnée par sa veuve pour la gagière de Hombourg, en remplacement de laquelle on lui en fournissait alors une sur Albestroff (preuves : XXIX). Nous devons cependant faire ici une observation, c'est que cette dernière pièce ne nous est connue que par une très-succincte analyse, qui ne permet pas de reconnaître si la femme de qui elle émane est la veuve de Henri Bayer dont nous parlons ou celle de son père mort en 1374, lequel portait le même nom que lui. Il faudrait, il est vrai, pour qu'elle fût la veuve de celui ci, qu'elle lui eût survécu de 22 années, mais cela n'est pas absolument impossible. Au reste une remarque qui justifie, jusqu'à un certain point, l'interprétation différente que nous avons donnée de cette pièce pour déterminer l'époque de la mort du personnage qui nous occupe, c'est qu'ultérieurement on ne trouve plus aucune mention de lui.

(Archives de la Meurthe. — Collection Lorr. à la bibl. imp. — Du Fourny, invent. ms. des titres de Lorr. — Armorial messin ms. de la bibl. imp. de Vienne. — Humbracht, généalogies de la chevalerie du Rhin, Francfort 1707. — Huguenin, chron. de Metz).

FÉNESTRANGE. — Fénestrange paraît avoir appartenu, vers le milieu du XIV⁰ siècle, à trois frères, Jean, Burckard et Olry, fils de Henri. La seigneurie pouvait, à ce qu'il semble, être alors indivise entre eux, suivant un usage dont il y a chez nous plusieurs exemples à cette époque. Elle était située à trois ou quatre lieues au sud-est d'Albestroff, sur le cours supérieur de la Sarre. La généalogie de la famille de Fénestrange n'est pas fixée. Un titre de 1349, dont l'analyse nous a été conservée par du Fourny (preuves : XIII), mentionne ceux de ses membres qui prirent part à la guerre allumée en 1348 pour la possession d'Albestroff. C'étaient d'abord les trois frères, Jean, Burckard et Olry avec un Hugelmann et trois autres frères, Hugelmann, Ferry et Jacquet, seigneurs de Téheicourt et enfants de Hugelmann de Fénestrange. Nous ne savons pas précisément quels liens de parenté existaient entre ces divers individus ; il est permis de croire cependant que c'est d'eux qu'il est question dans une pièce de 1355 imprimée aux preuves de l'histoire de Metz (t. IV, pag. 151), où les trois frères, Jean, Burckard et Olry, désignent les autres par ces termes : « nos oncles et nos cousins de Fénestrange. » De tous ces personnages, Burckard et ses deux frères sont de beaucoup les plus connus. Je ne sais si la seigneurie de Fénestrange était exclusivement en leur possession ; au moins semble-t-elle être échue tout entière vers le milieu du XVe siècle à un de leurs descendants directs, au petit-fils de Burckard, Jean de Fénestrange, dont les deux filles en firent entre elles le partage. Ces deux héritières de Fénestrange portèrent par leurs mariages la seigneurie, pour une moitié, à la maison de Sarrewerden de qui elle passa presqu'immédiatement aux rhingraves comtes de Salm, et, pour l'autre moitié, aux seigneurs de Neufchâtel, qui la transmirent aux Dommartin, puis aux Croï, marquis d'Havré. Suivant un ancien armorial de Lorraine, conservé au cabinet des manuscrits de la bibliothèque impériale, la famille de Fénestrange s'est éteinte vers le commencement du XVIe siècle ; ses armes étaient d'azur à la fasce d'argent. — *Burckard de Fénestrange*, dont il est surtout question ici, a joué, de 1340 à 1371, un rôle assez considérable dans la province. Ses armes sont figurées sur plusieurs sceaux ; il portait un écu fascé dont les émaux étaient vraisemblablement ceux de la famille : argent sur azur. Il n'était encore que simple écuyer en 1346. Il avait déjà fait en 1344 la guerre à l'évêque de Metz et sortait à peine avec ses frères d'une lutte contre le comte de Sarrewerden (1347), quand nous le voyons se déclarer avec eux en 1348 contre l'évêque et la cité de Metz, à l'occasion d'Albestroff, dont il parvint à s'emparer. Il était, à ce que dit l'auteur de notre chronique de Praillon, puissant, bien allié et homme de cœur. Nous ne connaissons pas les détails de la guerre d'Albestroff, nous savons seulement que la paix était conclue en 1349. La guerre se rallume avec les Messins en 1350 ; accord en est fait le 28 février 1352. De nouvelles hostilités amènent encore un traité, le 31 janvier 1355. Cette fois la paix est suivie d'une alliance entre la cité de Metz et les trois frères qui s'obligent à la servir pendant cinq ans avec nombre de compagnons suffisant pour fournir, en cas de besoin, quinze hommes armés de fer. Cependant, au mois de décembre 1356, les trois sires de Fénestrange, mis au ban de l'empire, nous ne savons à quelle occasion, sont, comme on disait alors, huchés (proclamés) sur la pierre devant le palais de Metz ; mais, ajoute notre chronique, la paix en fut faite bientôt après, le dimanche avant Noël. L'année suivante (1357) Burckard de Fénestrange s'engageait définitivement au service de la cité pour toute sa vie avec une compagnie de gens d'armes, chevaliers ou écuyers, moyennant une pension de 100 livres et le droit de bourgeoisie. Recommandé par sa valeur et par son grand crédit, il était, à cette époque, depuis plusieurs années déjà lieutenant du comte de Wirtemberg, co-régent de Lorraine pendant la minorité du duc Jean. Il conserva ce rôle au service du jeune duc jusque vers 1360, et fit pour celui-ci plusieurs guerres et des traités. Cependant les affaires de la Lorraine ni les siennes propres ne suffisaient pas à son activité, ou plutôt peut-être à celle des gens de guerre qu'il semble avoir toujours entretenus en grand nombre autour de lui. En 1356, pendant que le roi de France était prisonnier en Angleterre, le duc de Normandie, son fils, demandait de tous côtés des secours; Burckard de Fénestrange, avec 500 chevaliers à ses gages, se jette en Champagne, y réunit à son monde quelques bandes de Français et chasse de la province les Anglais, après avoir battu près de Nogent-sur-Seine Eustache d'Auberticourt qui les commandait. Bientôt après, c'est sur les Français eux-mêmes qu'il tombe pour se payer de ce qu'il réclamait comme prix de ses services. Il saccage la petite ville de Bar-sur-Seine, et y saisit 500 prisonniers dont la rançon fut probablement mise à un haut prix. En courant ainsi les grandes aventures, Burckard était devenu riche; nous avons un certain nombre de pièces relatives à ses affaires d'intérêt: acquisitions, prêts d'argent, garanties vraisemblablement toujours bien payées. En 1365, le duc Jean, son ancien pupille, lui avait donné les fiefs lorrains d'Alsace, tenus jadis par les landgraves, mais saisis alors pour défaut de reprises. Ces domaines avaient de l'importance; leur possession fut pour le sire de Fénestrange une occasion de débats avec l'évêque de Strasbourg qui prétendait que quelques-uns d'entre eux devaient relever non de la Lorraine, mais de son évêché. La dernière expédition dans laquelle il nous soit permis de croire qu'ait figuré Burckard de Fénestrange, est le siège de Pierrefort en 1369, auquel notre chronique de Praillon nous apprend que les seigneurs de Fénestrange concoururent avec le duc de Lorraine et les Messins. Burckard, pensionnaire de ces derniers, leur devait son aide, et d'un autre côté, son frère Olry, qui était comme lui aux gages de la cité, se trouvait prisonnier dans la place, étant tombé précédemment entre les mains des ennemis. L'entreprise fut, au reste, malheureuse, et les confédérés après avoir été là trois semaines sans rien faire « s'en partont, dit le vieux » récit, à grand confusion et y laissont toute leur artillerie et plusieurs ar- » mures de fer, et ne seult-on par quelle manière ne par quel conseil que ce » fut. » Les archives de Metz ont conservé plusieurs des quittances données par Burckard pour les termes de la pension qu'il recevait de la cité depuis 1357. La dernière que nous ayons est du 1er janv^r. 1371. Burckard de Fénestrange dut mourir à quelque temps de là, car on ne trouve plus aucune mention de lui après celle-là; et nous connaissons d'ailleurs, grâce à une analyse de du Fourny, une pièce du 13 décembre 1372 par laquelle sa veuve Blanchefleur de Falkenstein traite de son douaire avec ses beaux-frères et ses deux enfants, Burckard et Jean.

(Du Fourny, invent. ms. des titres de Lorr. — Preuves de l'hist. de Lorr., par D. Calmet. — Preuves de l'hist. de Metz, par les Bénédictins. — Huguenin, chron. de Metz. — Digot, hist. de Lorr. — Moréri, dict. histor.)

HERINGEN ou **HARANGE**. — La famille de Heringen (Harange) appartient selon toute apparence aux provinces allemandes de la Lorraine ou de l'évêché de Metz. Nous ne savons si le lieu d'où elle tirait son nom est le village de Heringen qui existe encore auprès de Lixheim, ou bien un autre village nommé Harange dans des documents du XVIe siècle qui le placent auprès de Morhange où nous ne le trouvons plus. Nous manquons absolument de lumières sur cette question. Peut-être les deux villages ont-ils, chacun de leur côté, donné leur nom à des familles différentes entre lesquelles il faudrait distribuer les divers individus qui le portent et que nous voyons mentionnés dans nos anciens titres et dans nos annales. Voici quels sont ces personnages : Guy de Harange (Heringen) chl[r] en 1522 ; Jean de Harange (Heringen), abbé de St-Martin-lès-Metz, 1447-1467 ; vers le même temps, en 1443 et 1452, Henri et son frère Isambart de Heringen, mari de Ginette, fille de Rodolf de Morsperg ; Hans (Jean) de Heringen, fils d'Isambart dit le vieux, en 1454, 1471, 1486 ; Marguerite, fille de Hans de Heringen, épouse de Jean de la Laye, en 1507 ; Henri de Harange (Heringen), châtelain d'Albestroff en 1511 ; Philippe de Harange (Heringen) chl[r], qui était conseiller d'Antoine, duc de Lorraine, et à qui le duc, en retour des bons services qu'il avait reçus de lui en 1525, dans la guerre des Rustauds, accorda comme récompense le produit des amendes et confiscations encourues par quelques-uns de ses sujets, pour l'adhésion qu'ils avaient donnée aux rebelles. A côté de ceux qui précèdent nous pouvons encore mentionner quelques individus formant une descendance régulière de plusieurs degrés à partir d'un Henri de Heringen, qui est peut-être le frère d'Isambart dont nous venons de parler. Ce sont : Henri de Heringen, qui vivait en 1420, 1427, 1433, 1453 et qui était mort avant 1455 ; Collin, son fils, en 1455, 1474 ; Jacques, fils de Collin, qui était seigneur de Merauvaulx et qui épousa Renée Wisse de Faitzeler, fille d'un capitaine des gardes du duc René II. Jacques mourut en 1499 et laissa un fils, Jean, et une fille. Celle-ci, nommée Barbe, épousa Gaspard de Gournay en 1528, et mourut en 1552. Quant à Jean fils de Jacques, s[r] de Merauvaulx comme son père, et bailli de l'évêché de Verdun, il mourut en 1551, et fut dit-on le dernier de son nom, n'ayant laissé de ses deux femmes, Marguerite de Ludres et Anne de Gournay, que des filles : Catherine et Anne, enfants de la première, et Suzanne issue de la seconde. Celle-ci, après une première union avec Nicolas de Haraucourt, épousa en secondes noces (1569) Charles comte d'Apremont, et fut ainsi l'arrière grand-mère de Marie-Louise d'Apremont, duchesse de Lorraine par le mariage qui l'unit presque enfant, en 1665, à l'aventureux Charles IV déjà sexagénaire. Suivant les anciens armoriaux de Lorraine, les Harange (Heringen) portaient d'or au lion d'azur armé lampassé et couronné de gueules. — *Hans de Heringen*, qui en 1471 constitua sur son domaine propre, à Albestroff, le fief qu'il reprit alors de l'évêque de Metz, est vraisemblablement le fils d'Isambart le vieux et de Ginette, fille de Rodolf de Morsperg. Il eut lui-même une fille, Marguerite, mariée à Jean de la Laye, lequel tenait au commencement du XVIe siècle la moitié du fief constitué à Albestroff par son beau-père. Nous avons proposé comme une simple hypothèse d'admettre que Hans était le père de Henri de Harange (Heringen), châtelain d'Albestroff en 1511, mais nous n'avons aucune certitude à cet égard et nous ne savons pas non plus si quelque lien de parenté le rattache à Philippe, le conseiller du duc Antoine, et à Jean, ss[r] de Merauvaux qui vivaient après lui dans le courant du XVIe siècle.

(Du Fourny, invent. ms. des titres de Lorr. — D. Calmet, hist. et notice de Lorr. — D. Pelletier, nobiliaire de Lorr. exemplaire du Bon de Salis avec des notes mss. du XVIIIe s.)

MORSPERG. — La famille de Morsperg est peu connue, elle prenait vraisemblablement son nom du château de Morsperg (Moersberg ou Marimont) situé à peu de distance d'Albestroff vers le sud-ouest. Il ne faut pas confondre ce lieu avec un autre Morsperg ou Morsberg qui était dans la haute Alsace, non loin de l'abbaye de Lucelle, entre Ferrette et Porentrui, et qui a donné aussi son nom à une famille considérable dont Schœpflin nous a conservé la généalogie depuis le commencement du XVe siècle jusqu'à la fin du XVIIe. Le Morsperg de la Sarre paraît avoir été anciennement un domaine des comtes de Deux-Ponts, tenu par eux en fief des ducs de Lorraine dès le XIIIe siècle. Plus tard, les comtes l'abandonnent complètement aux ducs. Nous voyons, en effet, en 1297, Erard comte de Deux-Ponts donner en échange de Bitche, à Ferry III duc de Lorraine, ce qu'il a à Morsperg, Gemund (Sarreguemines) et Lindre, et acquitter en même temps les chevaliers et écuyers ses féaux des dits lieux de tout hommage envers lui pour le reporter au duc de Lorraine. Cet échange est, en 1311, l'objet d'un nouvel accord entre le comte de Deux-Ponts et le duc Thiébaut II, successeur de Ferry III; et en 1313 le duc Ferry IV crée Guillaume de Torschwiller châtelain héréditaire de Morsperg. Suivant les lettres expédiées à cette occasion le duc lui donnait, en même temps, la ville qui était devant le château, le gagnage qui était au-dessus, et une rente sur la taille d'Amange (Insming) avec tout le fief à lui échu, que tenait précédemment, est-il dit, dame Giselle de Morsperg. Cette dame Giselle appartenait, sans doute, à quelqu'une des familles de ces chevaliers et écuyers mentionnés plus haut, d'après un acte de 1297, comme tenant à Morsperg des fiefs des comtes de Deux-Ponts puis des ducs de Lorraine, et portant, suivant l'usage, le nom du lieu de leur origine ou de leur résidence. C'est dans cette condition que se trouvaient aussi, on doit le croire, divers individus dont les noms nous ont été conservés : Geoffroy de Morsperg, chevalier dit de Torschwiller en 1255 (Joffridus de Morsperch miles dictus de Dorswilre); Heneman de Morsperg, écuyer en 1317; Willaume de Morsperg, écuyer en 1353; Bertrand de Morsperg, qui vivait en 1404, et dont la fille Alison était alliée à un Jean de Phaffenhoven; Rodolf de Morsperg esc[r] enfin qui existait à la fin du XIVe siècle et au commencement du XVe.

— *Rodolf de Morsperg esc[r]* pouvait se rattacher par des liens de parenté, qui nous sont du reste inconnus, à quelques-uns des individus de même nom cités précédemment et que nous suivons du XIII° siècle au XV° dans les documents historiques venus jusqu'à nous. Il tenait de l'évêché de Metz une partie d'Albestroff à titre d'engagement. L'évêque Raoul de Coucy lui en avait donné le tiers en 1393 (preuves : XXXVIII) ; plus tard, Rodolf avait joint à ce premier tiers celui que le comte de Salm avait reçu de même en gage de l'évêque de Metz. Ce transport eut lieu entre 1403 époque à laquelle le cemte de Salm, avait encore sa part d'Albestroff (preuves : XXXII) et 1413, date d'un sous-engagement fait par Rodolf de certaines portions détachées de ce que le comte lui avait abandonné. Nous connaissons quelques-unes des circonstances de ce sous-engagement. Rodolf de Morsperg, prisonnier au château d'Ausembourg à la suite d'une expédition militaire, avait dû, pour payer sa rançon, faire alors un emprunt consenti par Nicolas, bâtard de Salm et sa femme, à qui il avait donné en garantie certains cens qu'il avait sur Guéblange et autres lieux, et une partie de ce qu'il tenait à Albestroff (preuves : XXXIII). Quelques années après (1421) Rodolf rendait à l'évêché de Metz toute sa gagière d'Albestroff. Nous avons expliqué les hésitations par lesquelles il semble avoir passé dans cette circonstance. Nous ignorons l'époque de sa mort. Il laissait une fille nommée Ginette que nous voyons en 1443 mariée à Isambart de Heringen. Après lui, nous ne trouvons plus personne de son nom. Serait-il le dernier qui l'ait porté ? On pourrait le croire en voyant un demi-siècle après lui ses possessions d'Albestroff entre les mains du fils de sa fille, Hans de Heringen, qui probablement avait recueilli son héritage. Les armes de Rodolf de Morsperg, figurées sur un sceau pendant à une pièce de 1393, consistent en un écu fascé, timbré d'un casque ; les émaux nous en sont inconnus.

(Archives de la Meurthe. — Du Fourny, invent. ms. des titres de Lorr. — Cartul. des fiefs de l'Ev. de Metz. Bibl. imp. Colbert 9861.2.2. — Cartul. de St-Martin. Bibl. imp. Cartulaires 101 — D. Calmet hist. et notice de Lorr.)

RODE. — Rode était comme Morsperg, une de ces maisons de gentilshommes du pays de la Sarre que nous trouvons du XIII° au XVI° siècle mêlées aux affaires de l'évêché de Metz. Ces familles de seconde importance n'ont pas, on le comprend, des annales très suivies ; écrire leur histoire serait impossible ; tout ce qu'on peut faire est de déterminer à peu près le lieu de leur origine ou de leur établissement, et de signaler ceux de leurs membres qui se trouvent mentionnés dans les titres historiques. Diverses localités rappellent pour leur nom la famille de Rode. C'est d'abord Rode-lez-Moutier dont le château fut, disent nos chroniques, pris et abattu par les Messins en 1349 ; Roden ou Rode sur la Sarre, en face de Waudrevauge ; puis, dans le voisinage d'Albestroff, le village de Rode près Morhange ; un autre Rode situé entre Fribourg et Sarrebourg ; et enfin, à peu de distance de Sarreguemines, le hameau de Rode qui au commencement du XV° siècle était une dépendance d'Albe (Sarrable) et fut alors un sujet de contestations entre Raoul de Coucy, évêque de Metz, Conrad

Bayer de Boppart chlr, et le duc de Lorraine. Il est difficile de décider auquel de ces lieux ou doit rattacher les individus à qui nous voyons porter le nom de Rode. La rareté des renseignements ne permet pas même le plus souvent d'établir quelle parenté peut exister entre ceux-ci. En parcourant nos annales nous trouvons en 1305 un Jean de Rode ; en 1313 Rodolf de Rode chlr, bailli de l'évêché de Metz, investi par nos évêques de la maison-forte et de l'étang de Guermange ; en 1330 le fils de ce Rodolf de Rode, Henri de Germingen (Guermange), qui paraît avoir quitté le nom de son père pour prendre celui du fief dont nous venons de parler ; enfin Pastor de Rode à la fin du XIVe siècle. — *Pastor de Rode*, dont nous avons à nous occuper ici, semble avoir joué un certain rôle dans l'évêché de Metz pendant l'épiscopat de Raoul de Coucy. Ce dernier lui avait engagé à la fin du XIVe siècle le tiers d'Albestroff; dans les premières années du XVe il le charge avec Guillaume de Coucy son frère et Evrard Hauze de la conduite de ses affaires. Ce sont ces trois hommes qui, revêtus du titre de gouverneurs généraux de l'évêché, ont en main tous les intérêts du prélat pendant la dernière période de son épiscopat si troublé. Cette circonstance nous est révélée par une lettre datée de Paris le 18 mars 1411 (1412 nouv. style), dans laquelle l'évêque s'adressant à ces trois personnages ainsi qualifiés, leur donne charge de prendre et occuper la tour et forteresse de Port-sur-Seille, fief rendable de son église. Pastor de Rode tenait de Raoul de Coucy le tiers de Fribourg et de ses dépendances que le prélat lui avait engagé, peut-être en récompense de ses services, pour 800 vieux florins.

(Du Fourny, invent. ms. des titres de Lorr. — Cartul. des fiefs de l'Ev. de Metz. Bibl. imp. Colbert, 9861. 2. 2. — le P. Benoit, hist. ms. des Ev. de Metz.)

SALM. — Nous voyons figurer trois personnages du nom de Salm dans le récit des faits qui concernent Albestroff : Nicolas de Salm au XIVe siècle, Jean comte de Salm et Nicolas bâtard de Salm au XVe. — La maison de Salm, qui a prolongé avec éclat son existence jusqu'aux temps modernes, se rattache par son origine à notre région des Vosges. Son château de Salm et ses domaines étaient groupés sur le cours supérieur de la petite rivière de Plaine affluent de la Meurthe, à une dixaine de lieues au sud d'Albestroff et très-près des sources de la Sarre. Nos historiens ont rattaché les Salm vosgiens aux Salm de l'Ardenne, mais ils n'ont donné aucune preuve satisfaisante sur ce point ; ils n'ont même pas réussi à relier par une filiation certaine, la famille vosgienne aux anciens voués de l'abbaye de Senonnes de qui, selon toute apparence cependant, elle est sortie. Ce n'est guère qu'au XIIIe siècle que nos documents commencent à donner quelque solidité à la généalogie de cette grande famille. Au commencement du XIVe, Jean comte de Salm laissait deux fils, Simon I et Nicolas. Simon I a continué la maison ; Nicolas a donné naissance à une branche qui semble s'être arrêtée dès les premières générations, et qui possédait les seigneuries de Viviers et de

Puttelange. Au milieu du XVᵉ siècle, la branche aînée tenait seule tout le comté que se partageaient alors deux frères, Simon II et Jean VI. Simon II eut pour héritière une fille unique ; et celle-ci par son mariage porta la moitié qui lui appartenait dans le comté à la famille des Rhingraves, dont une branche prit depuis lors le titre de comte de Salm. Quant à Jean VI, sa descendance investie de l'autre moitié du comté la conserva avec le même titre de comte de Salm pendant trois générations masculines, après lesquelles une fille qui en était l'unique héritière la transmit, à la fin du XVIᵉ siècle, à la maison de Lorraine, en épousant le comte de Vaudémont à qui elle donna entre autres enfants le fameux duc Charles IV. On pourrait croire que la maison de Salm était alors éteinte, les deux moitiés de son héritage étant échues successivement à deux femmes. Il n'en était rien cependant. La fille du dernier comte de Salm, la comtesse de Vaudémont, avait des cousins issus d'un frère de son aïeul paternel ; mais leur auteur s'était établi en Allemagne et semble n'avoir eu, nous ne savons pourquoi, aucune part dans l'ancien patrimoine vosgien de la famille. Il avait ajouté au titre de comte de Salm celui de la seigneurie de Neubourg-sur-l'Inn qu'il possédait. De lui est sortie une nombreuse descendance qui existe, dit-on, encore aujourd'hui en Allemagne, et qui seule représente d'une manière directe les anciens comtes de Salm, car la branche des Rhingraves qui porte leur nom n'est Salm que par substitution. C'est pourtant celle-ci qui possède le titre de prince de Salm créé au commencement du XVIIᵉ siècle par l'empereur Ferdinand II pour un de ses membres. Les armes de Salm étaient de gueules à deux saumons adossés d'argent, l'écu semé de croix recroisetées au pied fiché de même. On les rencontre dans de vieux armoriaux avec des variantes qui pourraient bien avoir appartenu à certaines branches de la famille. Ainsi, sur le champ toujours de gueules, on voit parfois les saumons d'or avec les croix semées de même, ou bien encore les croix seules d'or et les saumons d'argent. C'est cette dernière combinaison qui forme un des quartiers de l'écu des Rhingraves, lesquels représentaient par substitution une branche de la famille de Salm et possédaient, comme je viens de le dire, le titre de prince de Salm.

— *Nicolas de Salm*, le premier des trois personnages qui motivent cette note, est le frère de Simon I dont il est question plus haut. J'ai nommé leur père Jean comte de Salm (Jean III selon les généalogistes) qui vivait à la fin du XIIIᵉ siècle et au commencement du XIVᵉ. Ce comte Jean avait eu un frère nommé aussi Nicolas, à qui on ne connaît pas de postérité et qui avait tenu de l'abbaye de Gorze le fief de Mauvaige dans lequel semble lui avoir succédé vers 1324 son neveu Nicolas frère de Simon I. C'est de ce second Nicolas que nous avons à parler. Il était chevalier et seigneur de Viviers, et on lui donne quelquefois le titre de comte de Salm que portait en même temps son frère aîné Simon I. Les deux frères étaient en 1342 au nombre des lieutenants de l'évêché de Metz, et Nicolas paraît avoir abusé de cette situation au point d'avoir encouru les censures ecclésiastiques sous le coup desquelles il était encore quand il mourut. Sa veuve, Adelheide de Lichtemberg, en traitant avec l'évêque Adhémar, à la date du 7 décembre 1344, obtenait promesse de révocation de ces censures. Deux mois auparavant (5 octobre) elle avait déjà conclu avec Adhémar un accord touchant les différends que son mari avait eus avec le prélat pour divers lieux, entre autres pour Albestroff (preuves : XI). Ces traités de dates si rapprochées par lesquels Adelheide de Lichtemberg s'empresse de régler les affaires laissées par son mari ont dû vraisemblablement suivre de près la mort de ce dernier dont nous ne connaissons pas le terme précis. Il avait un fils nommé Jean, qualifié quelquefois du titre de jeune de Salm ou jeune comte de Salm, à qui il transmit la seigneurie de Viviers. Jean y ajouta celle de Puttelange que lui apporta sa femme Marguerite de Blamont. Il était, à ce qu'il paraît, très-jeune à la mort de Nicolas, son père, car en 1347 il était encore, quoique marié, sous la tutelle de sa mère. Il fut tué, nous dit-on, en 1368, à la journée de Ligny, où le duc de Bar fut pris par les Messins, et on ne lui connaît pas d'enfants. Ses armes, que nous voyons sur quelques sceaux, étaient de Salm, à la bordure engrelée avec un lambel pour brisure ; les armes pleines étant vraisemblablement réservées à la branche aînée sortie de Simon I, frère de son père Nicolas. Celui-ci avait dû porter, selon toute probabilité, les armes que nous voyons à son fils. — Jean, comte de Salm, que nous trouvons à Albestroff à la fin du XIVe siècle et au XVe, appartient à la descendance de Simon I, frère aîné de Nicolas. Simon I, mort vers la fin de l'année 1346, avait épousé Mahaut de Sarrebruck. Il y a lieu de croire qu'il est le père de Jean, comte de Salm, époux de Philippe de Faulquemont (Falkenberg), que les généalogistes appellent Jean IV et qui a dû vivre jusqu'aux premières années du XVe siècle. Jean V, fils de Jean IV, est le père des deux comtes Simon II et Jean VI, qui ont, comme nous l'avons dit plus haut, partagé le comté et en ont transmis par leurs héritiers une moitié aux Rhingraves et l'autre à la maison de Lorraine. C'est Jean V qui vraisemblablement a occupé le tiers d'Albestroff pendant une dixaine d'années, à partir du 20 juillet 1395, date à laquelle il en recevait l'engagement de l'évêque Raoul de Coucy pour 1500 florins du Rhin (preuves : XXXVIII). Dans la burgfriede de 1396 il est qualifié Jean le Jeune de Salm et de Falkenberg chevalier (preuves : XXVIII). Le titre de Falkenberg lui venait selon toute apparence de sa mère, Philippe de Faulquemont ou Falkenberg, qui avait pu lui laisser son héritage ; quant à la qualification de jeune elle avait probablement pour objet de le distinguer de son père qui portait aussi le nom de Jean, et qui vivait peut-être encore à cette époque. Jean V mourut vers 1434, après avoir épousé successivement deux femmes. La première, dont nous ignorons le nom, était mère de son fils aîné, Simon II. La seconde, Jeanne de Joinville, unie antérieurement à un premier mari, Henri d'Ogevillers (qui vivait en 1417), lui donna son second fils Jean VI, lequel, encore enfant à la mort de son père, était en 1434 sous la mainburnie ou tutelle de son frère aîné. Nous ne savons pas grand chose de l'histoire de Jean V, sauf certains faits d'intérêt privé consignés dans les titres du temps qui nous sont parvenus, et quelques actes d'hostilité contre les Messins et leur évêque dans les premières années du XVe siècle. Nous devons ajouter cependant qu'à la fin de sa vie il s'entremit activement pour la conclusion du traité de paix passé en 1430 entre le duc de Lorraine et la cité de Metz. Les Messins reconnaissants lui accordèrent pour ses services le droit de bourgeoisie, le reçurent pour un de leurs confédérés, et le prirent pour conseiller de la cité avec une pension de cent livres qui était stipulée pour douze années, mais dont il ne dut pas jouir longtemps, car avant le mois de juillet 1434 il avait cessé de vivre. — *Nicolas, bâtard de Salm*, qui, en 1413, tint quelque temps en sous-engagement de Rodolf de Morsperg une partie du château d'Albestroff, paraît être un fils naturel du comte Jean IV. Sa place dans la généalogie de la maison de Salm semble déterminée par une pièce du 30 mars 1424, analysée par du Fourny dans son inventaire des titres de Lorraine, où Jean, comte de Salm (vraisemblablement Jean V, car celui-ci vivait pendant le premier tiers du XVe siècle), parle de certaines rentes sur les salines de Dieuze données par feu Jean, comte de Salm (Jean IV), son père, à Jean et à Nicolas ses fils bâtards. Ce dernier est, suivant toute apparence, celui que nous voyons, en 1413, faire à Rodolf de Morsperg le prêt de 500 florins dont celui-ci avait besoin pour payer sa rançon, et dont le prix fut l'engagement d'une portion d'Albestroff (preuves : XXXIII). La pièce de 1424 nous apprend qu'à cette date, Jean et Nicolas, les deux bâtards de Salm étaient morts sans hoirs, mais que la femme de Nicolas, Simonette fille du maire Henri de Lohre, existait encore. Celle de Jean était morte comme son mari Une autre pièce de 1401, analysée également par du Fourny, nous la fait connaître ; elle se nommait Mahaut de Marsal. Ainsi, Nicolas, bâtard de Salm, qui tenait en 1413 une partie d'Albestroff, était probablement le fils naturel de Jean IV et le frère de Jean le jeune, comte de Salm (Jean V), qui, dix ans auparavant, tenait en gage de l'évêque de Metz un tiers de ce même domaine, et dont nous avons parlé plus haut.

(Du Fourny, invent. ms. des titres de Lorr. — Preuves de l'hist. de Lorr. par D. Calmet. — Notice de Lorr. par D. Calmet. — Preuves de l'hist. de Metz par les Bénédictins. — Huguenin, chron. de Metz.)

TORSCHWILLER. — La famille de Torschwiller (Dorswiller) empruntait son nom à un lieu voisin d'Albestroff (aujourd'hui Torcheville), qualifié baronie au XVIIe siècle. C'était au XIVe, et peut être auparavant déjà, un fief mouvant du duché de Lorraine et tenu successivement par les sires de Torschwiller puis par les comtes de Créhange qui le possédaient au XVIe siècle et qui l'aliénèrent au milieu du XVIIe. Les Torschwiller et les Créhange passaient pour ne faire qu'une seule famille qui aurait substitué le second de ces deux noms au premier, vers la fin du XIIIe siècle. Ils portaient, il est vrai, les mêmes armes, d'argent à la fasce de gueules ; cependant on trouve simultanément des Torschwiller et des Créhange au XIIIe et au XIVe siècle, et tout au plus pourrait-on dire que les seconds forment une branche des premiers ; mais cela n'est nullement prouvé. Il ne serait même pas impossible que le domaine de Torschwiller ne fût venu qu'à la fin du XIIIe siècle à la famille à laquelle il a donné son nom et qu'auparavant il eût appartenu à celle de Morsperg qui était d'un lieu voisin (Morsberg aujourd'hui Marimont). Les Torschwiller ne seraient-ils eux-mêmes qu'une branche des Morsperg? Ces questions de filiation sont très-incertaines. J'ai dit que les armes de Torschwiller étaient d'argent à la fasce de gueules; d'anciens armoriaux lorrains les écartèlent sous le même nom avec celles de Pittanges qui sont de gueules à la croix ancrée d'or. Nous allons indiquer les personnages que nous trouvons à partir du milieu du XIIIe siècle dans les documents, avec le surnom de Torschwiller; nous ignorons, au reste, la plupart du temps quels liens de parenté peuvent les rattacher entre eux. Ce sont: en 1255, Geoffroy de Morsperg chlr, dit de Torschwiller (Joffridus de Morsperch miles dictus de Dorswilre); de 1283 à 1314, Godmann de Torschwiller chlr et sa femme Lorette; en 1283, Robert de Torschwiller chlr frère du précédent, mort avant 1301; de 1303 à 1356, Guillaume de Torschwiller chlr (ce nom, pendant la période de cinquante années où nous le rencontrons, se rapporte nécessairement à deux individus au moins, car un Guillaume de Torschwiller était mort en 1335, comme l'indiquait l'inscription de son tombeau dans l'église de Munster, et c'est vraisemblablement celui-ci qui était bailli de l'évêché de Metz en 1329, et qui dut rendre en 1333 son château de Torschwiller à l'évêque de Metz, au duc de Lorraine et au comte de Bar qui étaient venus l'assiéger); de 1337 à 1349, Pierre ou Perrin de Torschwiller chlr; en 1352, Sibile de Torschwiller-Menumbach; en 1371 enfin, Etienne de Torschwiller et Josne sa femme. — *Godmann de Torschwiller chlr*, qui vivait de 1283 à 1314, est, parmi ceux qui viennent d'être nommés, celui dont nous avons à nous occuper à propos d'Albestroff. La première mention que nous trouvons de lui est dans une pièce de 1283 où il est dit recevoir avec son frère Robert et Boëmond de Sarrebruck, chlrs, divers fiefs des mains de leur cousin Jean sire de la Neuve-Warnesperg. Un autre titre de l'année 1285, le nomme non plus cousin mais neveu du sire de la Neuve-Warnesperg. Cette double qualification est vraisemblablement le résultat de quelqu'erreur de copiste ou de traducteur. Dans l'analyse que du Fourny nous donne de la pièce de 1285, on lit: « Boëmund de » Sarrebruck, Nicole son fils, Godmann dit de Torschwiller et Robert son » frère, neveux de Jean sire de la Neuve-Warnesperg, écrivent au duc » de Lorraine touchant la vouerie de Chancey, etc. » Nous connaissons les rapports de Godmann avec Bouchard d'Avennes, évêque de Metz, par le double engagement que le prélat lui fit de deux domaines importants de son évêché, Hombourg et Albestroff. Il lui avait livré le premier en retour de la garantie qu'il avait obtenue de lui pour plusieurs de ses obligations; quant au second, nous ne connaissons pas les motifs de la cession qu'il lui en avait faite. Hombourg fut retiré, en 1298, par le successeur de l'évêque Bouchard; mais Albestroff avait été donné à Godmann à titre viager, et il le garda jusqu'à sa mort, vers l'an 1314. Nous n'avons pas à reproduire ici la discussion à laquelle ces faits ont donné lieu dans le travail qui précède (pag. 10 et seq.); nous rappellerons seulement que, pendant qu'il occupait le château d'Albestroff, Godmann jouit également, nous ne savons à quel titre, des biens que possédait dans le même lieu l'abbaye de Hesse, et que celle-ci ne les recouvra qu'après sa mort. Il tenait aussi de Ferry, duc de Lorraine, des héritages à Mulley, et le 15 mars 1300 (1301 nouv. style), il avait conclu avec ce prince un arrangement pour la cour de Bispingen. Il y a lieu de croire qu'il vécut jusque vers l'année 1314. Sa veuve Lorette épousa en secondes noces Godefroy de Eppeten chlr ; elle est mentionnée avec ce dernier dans une lettre par laquelle ils font ensemble, en 1320, une cession à Burnique de Riste, chevalier.

(Cartul. de l'Ev. de Metz, Armoriaux de Lorr. et Collect. Lorr. à la bibl. imp. — Du Fourny, invent. ms. des titres de Lorr. — Le P. Benoit, hist. ms. des Ev. de Metz. — D. Calmet, notice de Lorr. — Huguenin, chron. de Metz. — D. Pelletier, nobiliaire de Lorr. exemplaire du Bon de Salis, avec des notes mss. du XVIIIe s.)

PREUVES.

Je crois utile de donner ici l'inventaire des documents qui peuvent servir de preuves à l'histoire d'Albestroff. Pour la plupart, nous possédons des textes complets en originaux ou en copies ; pour un certain nombre, nous n'avons que des analyses plus ou moins complètes que je n'ai pas cru cependant devoir négliger, faute de renseignements plus précis. Je veux dire quelques mots des dépôts et recueils auxquels j'ai emprunté les uns et les autres. Ce sont pour les titres originaux : Les archives de la Meurthe et celles de la Moselle, les archives impériales, la bibliothèque impériale, la bibliothèque de Metz et deux ou trois recueils imprimés. Quant aux analyses, elles se trouvent dans divers inventaires des XVIIe et XVIIIe siècles et dans des ouvrages que j'indiquerai avec eux.

Dépôts et recueils de titres.

Archives de la Meurthe. — Ce dépôt possède des pièces concernant Albestroff dans les différents fonds intitulés : Châtellenie d'Albestroff, Abbaye de Haute-Seille, Trésor des chartes de Lorraine, Cartulaire de Lorraine. — Le fonds de la *Châtellenie d'Albestroff* comprend 98 numéros. Les pièces qui le composent étaient primitivement aux archives de la Moselle avec les titres de l'évêché de Metz. Elles en furent distraites en 1793 pour être remises au district de Dieuze auquel appartenait Albestroff. Un inventaire dressé à cette occasion existe aujourd'hui aux archives de la Meurthe. Plus tard, ces pièces se trouvaient, on ne sait comment, en totalité ou en partie, à Fénestrange, entre les mains d'un sieur Braun. Le préfet de la Meurthe les ayant réclamées, il lui en fut adressé 56 seulement le 19 décembre 1807, le reste ayant été, dit le maire de Fénestrange dans la lettre d'envoi, considéré comme insignifiant et ne pouvant être d'aucune utilité pour personne. Cependant, soit que ces pièces jugées insignifiantes aient été recueillies, soit que d'autres aient été recouvrées par une voie différente, une notable addition fut faite aux 56 pièces remises, en 1807, aux archives de la Meurthe, et on forma ainsi le fonds de 98 numéros qui y existe aujourd'hui. L'inventaire de 1793 en comprenait 170. On voit que les archives de la Meurthe sont loin de posséder tout ce que celles de la Moselle avaient livré. Pour donner une idée de l'importance des pertes qui ont été faites, il suffira de dire que les nos 1, 2, 3, 4, 5, 6, du fonds actuel, correspondent aux nos 5, 7, 9, 11, 12, 17, de l'inventaire de 1793, et que dans ces deux séries les pièces sont classées chronologiquement. — Le fonds de l'*Abbaye de Haute-Seille*, composé des débris des anciennes archives de cette maison, contient une belle pièce du XIVe siècle relative aux possessions de l'abbaye de Hesse à Albestroff. On sait que l'abbaye de Hesse, ayant été supprimée au XV⁰ siècle, fut au XVIe incorporée dans celle de Haute-Seille. — Le *Trésor des chartes de Lorraine*, qui contient aussi quelques titres touchant Albestroff, est ce qui reste à Nancy, après des pertes assez considérables, des anciennes archives des ducs de Lorraine. — Le *Cartulaire de Lorraine* est un recueil précieux, rédigé au XVIe siècle avant les événements qui amenèrent la dispersion des archives. Il ne comprend pas moins de 90 volumes in-folio, et, dans beaucoup de cas, il supplée heureusement aux originaux qui manquent dans les layettes du Trésor des chartes.

Archives de la Moselle. — Elles n'ont pas pu conserver grand chose touchant Albestroff, après la cession de 170 pièces faite en 1793 au district de Dieuze, dont nous venons de parler. Cependant on y trouve encore quelques titres concernant cette localité dans le fonds de l'*Evêché de Metz*, et dans le fonds du *Séminaire de St-Simon ;* ce dernier ayant hérité de la collégiale de Hombourg qui avait des biens à Albestroff.

Archives impériales. — Les archives impériales à Paris sont difficiles à explorer, attendu qu'on n'est pas admis à faire soi-même des recherches dans les inventaires de ce riche dépôt. Je n'y ai fait d'emprunt qu'au fonds des anciennes archives de la *Chambre royale de Metz* (1680), qui y est conservé.

Bibliothèque impériale. — A la bibliothèque impériale à Paris, on trouve des pièces relatives à Albestroff dans les différents fonds intitulés : Collection lorraine, Cartulaires, Colbert, et St-Germain français. — La *Collection lorraine* comprenait en 1850, avant un remaniement dont on s'occupe m'a-t-on dit, 724 volumes. Elle se compose de titres originaux, de copies, de mémoires, de documents de toute sorte ; c'est une section détachée au milieu du siècle dernier des Archives de Lorraine dont la plus grande partie, laissée à Nancy, forme aujourd'hui le fonds du Trésor des chartes aux archives de la Meurthe. — Le fonds des *Cartulaires* contient des documents sur Albestroff dans son numéro 190 qui est un cartulaire de l'évêché de Metz, écrit en 1461 par ordre de l'évêque George de Bade (petit in-fol⁰, papier, de 509 fᵒˢ, titre au dos : Chartularium Episcopi Metensis). — Le fonds *Colbert*, dans son numéro 9861·2·2, qui est un autre cartulaire de l'évêché de Metz, écrit également au XVe siècle (in-4⁰, papier, de 274 fᵒˢ, titre au dos : Fiefz de l'évêché de Metz), nous fournit aussi quelque chose sur Albestroff. — Enfin le fonds *Saint-Germain français*, dans ses deux numéros 1073 et 1086, renferme de belles copies du XVIIe siècle de la bibliothèque Séguier, parmi lesquelles on trouve également quelques titres relatifs à Albestroff.

Bibliothèque de la ville de Metz. — Cette bibliothèque possède des documents sur Albestroff dans les deux volumes 156 et 164 du *fonds historique* de ses manuscrits ; ces deux volumes sont des recueils de pièces et de mémoires en originaux ou en copies.

Recueils imprimés. — A côté des divers dépôts de manuscrits que je viens de mentionner, certains ouvrages imprimés renferment aussi des pièces concernant Albestroff. Ce sont : l'*Histoire de Lorraine par D. Calmet*, dans les preuves de laquelle se trouve notre plus ancien document : la bulle du pape Léon IX pour l'abbaye de Hesse ; l'*Histoire de Metz par les religieux Bénédictins*, dont les preuves contiennent aussi quelques documents à consulter, et les *Chroniques de Metz de Huguenin*, qui donnent (pag. 502 et 507), d'après la vieille chronique dite de Praillon, les deux lettres écrites d'Albestroff en 1462 par l'évêque George de Bade.

Recueils d'extraits et d'analyses.

Inventaire des titres de la chancellerie de Vic, fait par ordre du roi en 1654. — Ce travail est aujourd'hui à la Bibliothèque impériale (St-Germ. fr. 1119). C'est un gros volume in-f° de plus de 1200 pages d'une belle écriture du XVII° siècle. Le corps de l'inventaire est accompagné d'une table qui, malheureusement, pèche sous le rapport de l'exactitude. Il est précédé d'une copie des lettres-patentes par lesquelles le roi donne commission de l'exécuter à M^{el} Marescot et N^{as} Fouquet, conseillers au parlement de Metz, en leur adjoignant Jean Frenchemins, un de ses secrétaires interprètes, pour la traduction des pièces écrites en allemand. Les titres de la chancellerie de Vic formaient les archives mêmes de l'évêché de Metz déposées au château de Vic, chef-lieu du temporel de nos évêques.

Inventaire des archives de la chambre royale de Metz (1680). — Ces archives étaient composées de pièces empruntées à tous les dépôts de la province et réunies par ordre du roi pour les recherches et les travaux de la chambre royale de Metz. Cette chambre, instituée en 1679 et qui a fonctionné jusqu'en 1680, était chargée d'opérer juridiquement la réunion au royaume des territoires qui avaient appartenu autrefois aux domaines des évêques de Metz, Toul et Verdun. Les archives impériales ont recueilli les débris des archives de la chambre royale, qui y forment un fonds spécial. Quant à l'inventaire dont il est ici question, il est aux archives de la Moselle et consiste en 4 volumes in-f°, accompagnés d'une table des noms de lieux. Les analyses qu'il contient sont quelquefois très-étendues et pourraient passer plutôt pour de véritables extraits.

Inventaire des titres de Lorraine par du Fourny (1697-1698). — Les archives de Lorraine, transportées à la citadelle de Metz pendant l'occupation française, étaient sur le point d'être restituées par suite des stipulations du traité de Riswick, quand le roi, près de se dessaisir de cet important dépôt, ordonna que l'inventaire détaillé en fût fait. Honoré Caille, s^r du Fourny, conseiller du roi et auditeur ord^{re} de ses comptes, en fut chargé. Malgré la rapidité avec laquelle ce grand travail fut exécuté, il est très satisfaisant à beaucoup d'égards, et d'une grande utilité aujourd'hui pour les études historiques ; car les archives qu'il décrit ont subi depuis sa rédaction bien des pertes regrettables. Il existe plusieurs exemplaires manuscrits de cet inventaire. La bibliothèque de Metz en possède un très-beau (Mss. fonds hist. 225-236).

C'est une copie du XVIII° siècle en 12 volumes in-f°, dont deux de tables. La bibliothèque de Nancy en a aussi un exemplaire. Les minutes de ce travail sont aux archives impériales à Paris (sect. hist. 12368).

Inventaire du trésor des chartes de Lorraine XVIII° siècle). — C'est l'inventaire d'un des fonds les plus importants des archives de la Meurthe que j'ai indiqué précédemment. Il est contenu dans 36 registres, dont 3 de tables. On n'a pas la date de son exécution ; M. Lepage pense qu'il a dû être composé vers le milieu du XVIII° siècle, mais qu'on y a fait entrer alors des extraits d'inventaires plus anciens. En tout cas, il mentionne beaucoup de titres qui manquent aujourd'hui au trésor des chartes de Lorraine, et même quelques-uns qui n'y figuraient déjà plus du temps de du Fourny, avec d'autres qui y sont entrés depuis cette époque. « Il comprend, dit M. Lepage, non-seule-
» ment les layettes qui ne sont pas décrites dans du Fourny, mais encore les
» additions faites au trésor des chartes depuis le règne de Léopold. (Trésor
» des chartes de Lorr., in-8° 1857, p. 139.) » D'un autre côté, le travail de du Fourny mentionne certaines choses qui ne sont pas dans cet inventaire, lequel est conservé avec la grande collection à laquelle il se rapporte, aux archives de la Meurthe.

Inventaire de 1793 des titres de la châtellenie d'Albestroff. — Cet inventaire très-succinct accompagne le procès-verbal de la remise faite le 21 juillet 1793, des titres de la châtellenie d'Albestroff, aux administrateurs du district de Dieuze par ceux du district de Metz Malgré l'imperfection de son exécution, ce travail est très-intéressant pour nous, parce que nous y trouvons l'indication d'un certain nombre de pièces qui sont aujourd'hui perdues. J'ai déjà dit plus haut quelque chose de la dispersion du fonds qu'il concerne. Je rappellerai en deux mots que ce fonds n'est plus représenté maintenant que par les 98 n^{os} existant aux archives de la Meurthe, et que lors de sa sortie des archives de la Moselle, en 1793, il en comprenait 170, dont l'énumération se trouve dans ce petit inventaire, déposé actuellement avec le fonds des titres de la châtellenie d'Albestroff aux archives de la Meurthe.

Histoire de Metz, par le p. Benoit Picard, capucin de Toul (comm^t du XVIII° siècle.) — Cette histoire n'a pas été imprimée ; la bibliothèque de la ville de Metz en possède un exemplaire manuscrit complet (Mss. fonds hist. 126). Le père Benoit donne souvent des analyses et extraits des titres de la chancellerie de Vic. On pourrait croire qu'il les cite plutôt d'après des inventaires anciens que d'après les pièces elles-mêmes. En effet, quoiqu'il ait écrit dans les premières années du XVIII° siècle seulement, il mentionne des titres qui semblent avoir disparu longtemps auparavant des archives de l'évêché, car on ne les trouve pas dans l'inventaire de ces archives dressé en 1634, dont nous avons parlé ci-dessus. Il y a lieu cependant de faire observer que la difficulté de trouver ces pièces dans l'inventaire de 1634, peut venir de l'imperfection de sa table que nous avons signalée précédemment.

Les communes de la Meurthe, par M. H. Lepage (2 vol in-4°, Nancy, 1853-54.)

Cet ouvrage contient une immense quantité d'indications et de documents classés sous les noms des diverses localités du département. Il donne pour Albestroff de nombreuses analyses que j'ai dû consulter souvent.

Inventaire des preuves [1].

I. — Vers 1050. Bulle du pape Léon IX pour l'abbaye de Hesse, dont il confirme les biens parmi lesquels : « Ecclesia de Albertorff integra cum « conductu et medietas ejusdem villæ etc. » (Texte lat. D. Calmet. Hist. de Lorr. 1re édit. Tom. I, preuves col. 430.)

II. — 1225. Janvier (1226, nouv. style). Jean d'Apremont, évêque de Metz, engage pour deux ans Haboudange à Ancelin Groningue escr, moyennant 250 livres qu'il doit employer aux réparations de Remberviller et d'Albestroff. (Analyse d'un titre de la chancellerie de Vic. Hist. ms. des évêq. de Metz par le p. Benoit. Bibl. de Metz. Mss. hist. 126 pag. 673.)

III. — 1256. Sixième férie avant la Purification (26 janvier 1257, nouv. style). Jacques, évêque de Metz, ayant érigé le chapitre de Hombourg, lui donne sur les biens de son évêché, pour augmenter ses revenus, la moitié qu'il possède dans le moulin et dans l'etang d'Albestroff, etc. (Texte lat. Original parch. Arch. de la Moselle, Sémin. Saint-Simon.)

IV. — 1256. (Même date). Le chapitre de Metz accorde son consentement à la précédente donation. (Texte lat. Original parch. Ibid.)

V. — 1296 Juin. Godmann de Dorswilre (Torschwiller) chlr, reconnaît que les château et fermeté de la ville d'Albestroff, appartenant à l'église de Metz, lui ont été remis pour sa vie seulement par l'évêque Bouchard, du consentement du Chapitre (Texte lat. Copie du XVe siècle. Cartul. de l'év. de Metz. Bibl. imp. Cartul. 190 fo 264.) (Impr. ci-dessus pag. 10, note 2.)

VI. — 1298. 29 mai. Conrad de Réchicourt chlr, Godefroy d'Ottinville et Isambert d'Oriocourt déclarent avoir reçu de Gérard, évêque de Metz, 500 livr. mess. pour lesquelles ils s'engagent à faire un mois de garde par an au château d'Albestroff et à fournir deux hommes à l'évêque contre ses voisins autres que le comte de Salm. (Analyse d'un titre de la chancellerie de Vic. Hist. ms. des évêq. de Metz par le p. Benoit. Bibl. de Metz. Mss. hist. 126 pag. 735.)

VII. — 1313. Cinquième férie après Reminiscere (7 mars 1314, nouv. style). Gérard (Renaud de Bar ?), évêque de Metz, déclare que le château d'Albestroff

---

[1] J'ai compris dans cet inventaire l'indication de quelques documents que j'aurais pu négliger peut-être, si je n'avais voulu, en les mentionnant, donner une idée complète de ce que les dépôts publics, les archives de la Meurthe et de la Moselle surtout, contiennent en fait de pièces relatives à Albestroff.

étant rentré naguère en ses mains, l'abbaye de Hesse réclamait dans la ville d'Albestroff, comme lui appartenant, certains droits et héritages dont il s'était mis en même temps en possession, parce que feu Godmann de Dorswiller (Torschwiller) chl', qui tenait auparavant ledit château à titre viager, en jouissait aussi ; il ajoute qu'ayant reconnu le droit de l'abbaye sur ces choses, il les lui restitue. (Texte lat. Vidimus du 9 janv. 1494. parch. Trésor des chartes de Lorr. Hesse n° 13. Arch. de la Meurthe.) (Impr. ci-dessus pag. 15, note 1.)

VIII. — 1316. Lundi avant les Palmes (21 mars 1317, nouv. style). Heneman de Morsperg esc' reprend de Renaud de Bar, évèque de Metz, le moulin d'Hellimer avec ses dépendances, pour lequel lui et ses hoirs feront douze semaines de garde par an dans la fermeté de la ville d'Albestroff, à la demande de l'évèque. (Texte fr. Copie du XV° s. Cartul. des fiefs de l'év. de Metz. Bibl. imp. Colbert 9861.2.2. f° 84.)

IX. — 1331. Vendredi après la Nativité N.-D. (13 sept.). Adhémar, évèque de Metz, déclare que, comme il avait retenu jusqu'alors certains droits et héritages appartenant à l'abbaye de Hesse, dans les ville ou château, ban et finage d'Albestroff, l'abbaye réclamait leur restitution ou bien le paiement de 40 livr. mess. par an, comme elle les avait reçues de ses prédécesseurs, évèques de Metz, après la construction dudit château. Il ajoute qu'ayant reconnu après une enquête la réalité des droits de l'abbaye, il lui donne pour indemnité définitive la maison et la chapelle de Saint-Nicolas, sises dans la forêt dite Meterswald, avec toutes leurs dépendances, et lui conserve en outre le droit de patronage sur l'église d'Albestroff. (Texte lat. Original parch. Arch. de la Meurthe, Abb. de Haute-Seille n° 1145). (Impr. ci-dessus pag. 17, note 1.)

X — 1344. Jour de la fête de Saint-Barthélemy (24 août). Adhémar, évèque de Metz, déclare que dès qu'il aura recouvré Albestroff et sa châtellenie, il est tenu de les remettre au duc de Lorraine ou à ses hoirs à la place de Turkestein et de sa châtellenie. (Texte fr. Copie du XVI° s. Cartul. de Lorr. Traités et accords f° 105. Arch. de la Meurthe.)

XI — 1344. 5 Octobre. Adhémar, évèque de Metz, fait paix et accord des différends qui étaient entre lui et Nicolas de Salm et Adelheide de Lichtemberg la jeune de Salm sa veuve (sic), au sujet de Hombourg, St-Avold, Delme, Albestroff, Remberviller, etc. (Analyse. Invent. du trésor des chartes de Lorr. Salm n° 135 bis. Arch. de la Meurthe. La pièce manque dans la layette.)

XII — 1348-1350. Engagements et quittances de soldoyeurs au service de la cité de Metz pour la guerre contre Burckard de Fénestrange. (Analyses. Hist. de Metz par les Bénédictins, preuves, Tom. IV pag. 117-119.)

XIII. — 1349. (sans mois ni jour). Thiébaut sire de Blamont fait la paix avec la cité de Metz et ses alliés, de la guerre qu'il a eue contre eux pour ceux de Fénestrange et de Théheicourt ; accord ayant été conclu déjà entre Hugelman,

Jean, Burckard, et Olry de Fénestrange frères, Hugelman, Ferry et Jacquet frères s^{grs} de Théheicourt enfants de m^{re} Hugelman de Fénestrange, Valeran c^{te} de Deux-ponts, Jean c^{te} de Salm, Folmar c^{te} de la Petite-pierre, Fricheman de Linanges dom prevot de Varmaixe, Nikelat et Jean d'Agnestol frères d'une part, et Adhémar évêque de Metz, Marie de Blois duchesse de Lorraine, la cité de Metz, Jean d'Apremont sire de Forbach, Jean d'Apremont sire de Warnesperg, m^{re} Pierre s^{gr} de Tourwiller, m^{re} Pierre de Tourviller (sic), m^{re} Isambart de Raville et plusieurs autres leurs hommes et sujets d'autre part. (Analyse. Inv. ms. des titres de Lorr. par du Fourny, Tome III, page 43. Bibl. de Metz. Mss. hist. 227.)

XIV. — 1355. 11 septembre. Steucloz de Gorvilleirs châtelain d'Albestroff, Hennequin Norzen maire, Symons et Gudeloz échevins, et Cristiens doyen dudit lieu, font féauté en la main de Thiébault s^r de Blamont, lieutenant de l'évêché de Metz pour l'évêque Adhémar. (Texte fr. Original parch. Trésor des chartes de Lorr. Rozières I n° 114. Arch. de la Meurthe.)

XV. — 1385. Ancien terrier des domaines de l'évêché de Metz montrant qu'à cette date ils comprenaient Albestroff (Albertroff). (Analyse. Mémoire de Ravaux sur le temporel de l'évêché de Metz, 1664. Bibl. imp. Coll. Lorr. vol. 724.)

XVI. — 1388. 18 Décembre. Traité par lequel Hombourg assiégé par Raoul de Coucy, évêque de Metz, lui est rendu par Conrad et Henri Bayer chl^{rs}, à condition que journée sera assignée à Vic le 1er dim. de carême proch. pour entendre leurs demandes. (Analyse d'un titre de la chancellerie de Vic. Hist. ms. des évêq. de Metz par le p. Benoit. Bibl. de Metz. Mss. hist. 126 page 796.)

XVII. — 1388. 1er dim. de carême (7 mars 1389, nouv. style). Accord conclu à Vic entre Raoul de Coucy, évêque de Metz, d'une part et les Bayer (Conrad et Henri?) de l'autre, par lequel ces derniers se désistent de toutes leurs prétentions moyennant 2000 francs que l'évêque leur paiera pour tous frais et indemnité. (Analyse. Ibid. p. 797.)

XVIII. — 1389. Raoul de Coucy, évêque de Metz, engage à Jean duc de Lorraine un sixième des château et châtellenie d'Albestroff pour 400 petits florins. (Analyse. Ibid. p. 797.)

XIX. — 1391. 29 Juin. Bayer de Boppart décharge l'évêque de Metz de toute prétention à la gagière de la réserve d'Albestroff (sic). (Analyse. Invent. de 1793 des titres d'Albestroff n° 2. Arch. de la Meurthe.)

XX. — 1391. Vendredi après la nativité N. S. J.-C. (29 Décembre). Traité entre Raoul de Coucy évêque de Metz, Ferry évêque de Strasbourg administrateur de l'évêché de Basle, et Charles duc de Lorraine, pour réprimer les violences de Henri Bayer de Boppart chl^r, et pour assiéger la forteresse d'Albestroff qu'il tient en gage de l'évêché de Metz ; à condition que si on s'en rend maître, les prisonniers seront partagés par tiers entre les 3 confédérés, et la place restera pour les 2/3 à l'évêque de Metz, et pour 1/3 au duc de Lorraine sous forme d'engagement rachetable par l'évêque et à sa volonté pour 700 flor., une burgfriede devant être jurée par eux pour l'occupation du château. (Texte fr. Original parch. Trésor des chartes de Lorr. Rosières I n° 125. Arch. de la Meurthe.)

XXI. — 1392. 25 Juin. Traité de paix entre Raoul de Coucy, évêque de Metz, et la ville de Sarrebourg, moyennant paiement par celle-ci de 5500 flor. d'or que l'évêque appliquera aux besoins de son évêché : « Videlicet in recuperationem ville et castri sine fortalicii nostri de Albestroff per inimicos nostros detenti, quod licet longâ obsidione et magnis sumptibus... recuperavimus... etc. » (Texte lat. Vidimus parch. donné par l'official de Strasbourg le 8 Juin 1417 (1418, nouv. style). Bibl. imp. Coll. Lorr. vol. 175. f° 11.)

XXII. — 1393. Samedi avant la Nativité de St. Jean-Bapt. (21 juin). Burgfriede pour les forteresses et villes d'Albestroff et de Gebeldange (Gueblange) entre Raoul de Coucy, évêque de Metz, et Rodolf de Morsperg esc', l'évêque en ayant un tiers, réserve faite d'un autre tiers que le duc de Lorraine tient à rachat, et Rodolf de Morsperg en ayant le dernier tiers. (Texte fr. Original parch. Arch. de la Meurthe, fonds d'Albestroff n° 1.)

XXIII. — 1393. Août. Le s' de Gerbéviller déclare que l'évêque de Metz peut retirer une maison et une grange pour 80 pet. flor. (sic). (Analyse. Invent. de 1793 des titres d'Abestroff n° 6. Arch. de la Meurthe.)

XXIV. — 1393. Mardi, jour de St. Vincent (22 janvier 1394, nouv. style). Charles, duc de Lorraine, donne quittance de la somme de 700 flor. pour laquelle il tenait 1/4 (lisez : 1/3 ?) des château et châtellenie d'Albestroff qu'il remet moyennant paiement de cette somme à Raoul de Coucy, évêque de Metz. (Analyse. Invent. des titres de la chancellerie de Vic en 1634, D. 58. Bibl. imp. St-Germ. fr. 1119, f° 38.)

XXV. — 1393. 22 février (1394, nouv. style). Le s' de Morsperg décharge l'évêque de Metz de tous dommages et intérêts pour son arrestation à Albestroff. (Analyse. Invent. de 1793 des titres d'Albestroff n° 4. Arch. de la Meurthe.)

XXVI. — 1393. Jeudi après St-Luc (21 octobre). Raoul de Coucy, évêque de Metz, fait savoir que, ayant précédemment conclu une alliance avec Ferry évêque de Strasbourg, et Charles duc de Lorraine, contre Henri Bayer de Boppart chl', il quitte le duc de Lorraine de cette alliance et promet de n'accorder aucun aide contre lui audit Henri Bayer, et d'empêcher que celui-ci n'en reçoive non plus aucun des prisonniers de la bataille d'Albestroff, soit pendant les répits, soit après la quittance définitive que lui Raoul pourra leur accorder. (Texte fr. Original parch. Bibl. imp. Coll. Lorr. vol. 221 n° 22.)

XXVII. — 1396. 19 mai. Paix entre l'évêque de Metz et les s^{rs} de Fénestrange à qui est donnée quittance de ce qu'ils devaient. (Analyse. Invent. de 1793 des titres d'Albestroff n° 8. Arch. de la Meurthe.)

XXVIII. — 1396. Lundi avant St-André (27 novemb.). Burgfriede pour les ville, château et châtellenie d'Albestroff, entre Raoul de Coucy, évêque de Metz, Jean le jeune de Salm et de Falkenberg chl^r, et Rodolf de Morsperg esc^r, chacun pour un tiers, l'évêque ayant le tiers qu'il a racheté de Pastor de Rode. (Texte fr. Original parch. Arch. de la Meurthe, fonds d'Albestroff n° 3.)

XXIX. — 1396. Décembre. La veuve de Henri de Boppart donne quittance de la gagière de Hombourg en compensation de laquelle lui a été remise une partie du château d'Albestroff (sic). (Analyse. Invent. de 1793 des titres d'Albestroff n° 10. Arch. de la Meurthe.)

XXX. — 1396. 14 janvier (1397, nouv. style). Raoul de Coucy, évêque de Metz, déclare qu'il doit à Charles, duc de Lorraine, 400 petits flor. vieux que ledit duc lui a prêtés et dont il demande le remboursement, et que pour cette somme il engage au duc le sixième des château, châtellenie et ville fermée d'Albestroff et dépendances, ainsi que de Gébeldange (Guéblange) et dépendances, et de ce qu'il a à Hellimer; le tout rachetable pour lesdits 400 flor. (Texte fr. Original parch. Arch. imp. à Paris, fonds de la Chambre royale de Metz, carton 821 J. 985.)

XXXI. — 1396. 14 janvier (1397, nouv. style). Lettres réversales de Charles, duc de Lorraine, pour le précédent engagement. (Texte fr. Original parch. Arch. de la Meurthe, fonds d'Albestroff n° 2.)

XXXII. — 1403. Dim. 2 décembre. Burgfriede pour les forteresse et ville d'Albestroff et dépendances, entre Raoul de Coucy, évêque de Metz, pour la moitié du tiers qu'il a racheté de Pastor de Rode, Charles duc de Lorraine, pour l'autre moitié de ce tiers à lui engagée par ledit évêque, Jean jeune comte de Salm chl^r et Rodolf de Morsperg esc^r, chacun pour un des deux autres tiers qu'ils tiennent aussi par engagement. (Texte fr. Copie du XVIe s. Cartul. de Lorr. Traités et accords f° 115. Arch. de la Meurthe.)

XXXIII. — 1413. 7 septembre. Rodolf de Morsperg esc^r reconnait devoir à Nicolas bâtard de Salm et à Simonette sa femme, 500 flor. du Rhin qu'ils lui ont prêtés pour qu'il se rachetât de sa prison à Ausembourg, et il promet de les leur rendre en juillet prochain (1414), à défaut de quoi il leur met en main 50 flor. de cens qu'il a à Gébeldange (Guéblange) et autres lieux voisins et une partie de ce qu'il a ès ville et forteresse d'Albestroff; le tout rachetable pour lesdits 500 flor. Ces conventions sont faites du consentement de l'évêque de Metz qui les confirme comme seigneur du fief. (Texte fr. Original parch. Arch. de la Meurthe, fonds d'Albestroff n° 4.)

XXXIV. — 1413 7 septembre. Confirmation de la lettre précédente par l'évêque de Metz. (Analyse. Invent. de 1793 des titres d'Albestroff n° 11. Arch. de la Meurthe.)

XXXV. — 1413. 7 septembre. Rodolf de Morsperg esc^r reconnaît que si dans 3 ans il n'a pas effectué le rachat de l'engagement fait par lui à Nicolas bâtard de Salm, il devra, pour indemniser l'évêque de Metz, seigneur du fief, réduire de moitié la somme de 1000 flor. pour laquelle ledit évêque peut racheter de lui la partie d'Albestroff qu'il lui a engagée. (Texte fr. Original parch. Arch. de la Meurthe, fonds d'Albestroff n° 5.)

XXXVI. — 1413. 10 septembre. Burgfriede pour Albestroff entre Raoul de Coucy, évêque de Metz, et Nicolas, bâtard de Salm. (Analyse. Invent. des titres de la chancellerie de Vic en 1634, D. 21. Bibl. imp. St-Germ. fr. 1119, f° 214.)

XXXVII. — 1413. 8 novembre. Burgfriede pour Albestroff, entre Raoul de Coucy, évêque de Metz, et Rodolf de Morsperg esc^r. (Analyse. Invent. des titres de la chancellerie de Vic en 1634, HH. 6. Bibl. imp. St-Germ. fr. 1119, f° 388.)

XXXVIII. — 1421. 20 novembre. Rodolf de Morsperg esc^r fait savoir que Raoul de Coucy, évêque de Metz, lui ayant engagé le samedi av^t St-Jean-Bapt. 1393 (21 juin) 1/3 d'Albestroff et de ses dépendances ainsi que de Guéblange et de ce qu'il avait à Hellimer pour 1000 flor., et que le même évêque ayant en 1395 (20 juillet) engagé pour 1500 flor. du Rhin à Jean, comte de Salm, un autre tiers des mêmes domaines, lequel est depuis lors obvenu à lui Rodolf, il se trouve ainsi tenir les 2/3 du tout. Il déclare que suivant transaction faite entre lui et l'évêque de Metz, il devra jouir, sa vie durant, à titre d'office (in amptes wiss), desdits 2/3 et en outre de 1/6 que l'évêque a encore auxdits lieux; et que si sa femme Katherine lui survit, elle en jouira comme lui jusqu'à ce qu'elle ait reçu de l'évêque une rente viagère de 50 florins, constituée sur l'évêché, avec 2 muids de sel sur Marsal, moyennant quoi ces divers domaines feront librement retour à l'évêché. (Texte allem. Original parch. Arch. de la Meurthe, fonds d'Albestroff n° 8.)

XXXIX. — 1421. 21 novembre. Rodolf de Morsperg esc^r traite avec Conrad, évêque de Metz, touchant la vouerie d'Albestroff, et consent à ce qu'après sa mort tout ce qu'il tient audit lieu d'Albestroff fasse retour à l'évêché. (Analyse. Invent. des titres de la chancellerie de Vic en 1634, M. 1. Bibl. imp. St-Germ. fr. 1119, f° 126.)

XL. — 1421. Lundi av^t St-Fabien et St-Sébastien (19 janvier 1422, nouv. style). Rodolf de Morsperg esc^r fait savoir qu'il tient en gagière de l'évêché de Metz les 2/3 d'Albestroff et de ses dépendances, ainsi que de Guéblange, de Kinger et d'Hellimer, et que, ayant retiré de cette gagière plus que la somme pour laquelle il la tenait, il y renonce gratuitement pour le salut de son âme, donne quittance de ce qui devrait lui être payé pour son rachat et rend à Conrad, évêque de Metz, son seigneur, lesdits 2/3 des châteaux d'Albestroff et de Guéblange et des villages de Kinger et d'Hellimer. (Texte allem. Original parch. Arch. de la Meurthe, fonds d'Albestroff n° 7.)

XLI. — 1421. Janvier (1422, nouv. style). Conrad, évêque de Metz, en considération de ce que Rodolf de Morsperg lui a remis ce qu'il tenait en engagement, lui donne état et office (sic) au château d'Albestroff. (Analyse. Invent. de 1793 des titres d'Albestroff n° 15. Arch. de la Meurthe.)

XLII. — 1421. Jour de saint Sébastien (20 janvier 1422, nouv. style). Rodolf de Morsperg escr reconnaît qu'il est officier d'Albestroff sa vie durant seulement (sic). (Analyse. Invent. des titres de la chancellerie de Vic en 1634, M. 5. Bibl. imp. St Germ. fr. 1119, f° 126.)

XLIII. — 1421. Jour de saint Sébastien (20 janvier 1422, nouv. style). Rodolf de Morsperg escr rend à Raoul de Coucy (sic), évêque de Metz, la gagière qu'il avait à Albestroff pour la somme de 1000 florins (sic). (Analyse. Invent. des titres de la chancellerie de Vic en 1634, M. 7. Bibl. imp. St-Germ. fr. 1119, f° 127.)

XLIV. — 1426. Anciens comptes de l'évêché de Metz depuis 1426, mentionnant Albestroff parmi les domaines des évêques de Metz. (Analyse. Mémoire de Ravaux sur le temporel des évêques de Metz (1664). Bibl. imp. Coll. Lorr. vol. 724.)

XLV. — 1458. 7 juin. Lettre du châtelain d'Albestroff par laquelle il reconnaît le coadjuteur (sic) (George de Bade, coadjuteur de Conrad Bayer, évêque de Metz). (Analyse. Invent. de 1793 des titres d'Albestroff n° 19. Arch. de la Meurthe.)

XLVI. — 1462. 7 juin. Lettre écrite d'Albestroff par George de Bade, évêque de Metz, aux Maître-Échevin et Treize-Jurés de la cité de Metz pour leur faire parvenir des bulles pontificales leur enjoignant de donner aide à Adolf de Nassau dans sa poursuite de l'archevêché de Mayence. (Texte fr. Chronique dite de Praillon dans les chroniq. de Metz de Huguenin, p. 302.)

XLVII — 1462. Vendredi 18 juin. Lettre écrite d'Albestroff par George de Bade, évêque de Metz, aux Maître-Échevin et Treize-Jurés de Metz, pour les sommer d'envoyer conformément au mandement impérial, leurs gens à l'aide d'Adolf de Nassau, dans sa poursuite de l'archevêché de Mayence. (Texte fr. Ibid. p. 307.)

XLVIII. — 1471. Lundi après la Toussaint (4 novemb.). Hans de Heringen (Jean de Harange) assigne 15 florins de rente sur son franc-alleu à Albestroff, etc. pour les tenir en fief de l'évêque de Metz ; à cause des 150 florins que lui a payés l'évêque George de Bade pour rachat d'un engagement dont la condition était qu'en cas de remboursement le prix serait remis en fief mouvant de l'évêché. (Texte allem. Original parch. Arch. de la Meurthe, fonds d'Albestroff n° 9.)

XLIX. — 1478. Etat des cens, usages, coutumes et droitures appartenant au château d'Albestroff. (Texte allem. Original pap. en un cahier de 8 folios. Arch. de la Meurthe, fonds d'Albestroff n° 10.)

L. — 1486. Mardi après la Nativité N.-D. (12 septemb.). Dénombrement fourni à l'évêque de Metz par Hans de Heringen (Jean de Harange), pour les fiefs qu'il tient de l'évêché, savoir : divers cens, rentes, etc., 15 flor. de rente sur Albestroff, etc. (Analyse. Invent. des titres. de la chancellerie de Vic en 1634, T. 46. Bibl. imp. St-Germ. fr. 1119, f° 188.)

LI. — 1486. Jeudi après la Nativité N.-D. (14 sept.). Reprises faites à Henri évêque de Metz, par Hans de Heringen (Jean de Harange), pour les fiefs qu'il tient de l'évêché, savoir : divers cens, rentes, droits de vouerie, etc., 40 florins de cens (sic) assignés sur Albestroff, Bidestroff et Douenox (sic), et autres rentes provenant de feu Rodolf de Morsperg, son aïeul. (Analyse. Invent. des archives de la Chambre royale de Metz, t. II, liasse 59 n° 32. Arch. de la Moselle.)

LII. — 1486. Henri de Lorraine, évêque de Metz, afferme à René II, duc de Lorraine, les salines de Marsal et de Moyenvic, et lui permet de mettre des garnisons lorraines, aux frais de l'évêché de Metz dans les places de Baccarat et d'Albestroff, pour défendre le pays contre les coureurs allemands et français. (Analyse d'un titre de la chancellerie de Vic. Hist. ms. des évêq. de Metz par le p. Benoit. Bibl. de Metz. Mss. hist. 126 pag. 852.)

LIII. — 1487 (?). 18 septembre. La veuve de Henri Bayer remet à l'évêque de Metz le sixième dans le château (d'Albestroff). (Analyse. Invent. de 1793 des titres d'Albestroff n° 23. Arch. de la Meurthe.)

LIV. — 1502. Jeudi après St-André (1er décembre.). Dénombrement fourni à l'évêque de Metz par Jean de la Laye pour les fiefs qu'il tient de l'évêché, savoir : la moitié de divers cens, rentes etc., la moitié de 15 flor. de rente sur Albestroff, etc. (Analyse. Invent. des titres de la chancellerie de Vic en 1634, I. 70. Bibl. imp. St-Germ. fr. 1119, f° 84.)

LV. — 1502. Décembre. Reprises faites à l'évêque de Metz par Antoine de Soltern pour 15 flor. de rente. (Analyse. Invent. de 1793 des titres d'Albestroff n° 24. Arch. de la Meurthe.)

LVI. — 1507. Jour de St-George (23 avril). Dénombrement fourni à l'évêque de Metz par Jean de la Laye des fiefs qu'il tient de l'évêché (comme ci-dessus : LIV) à cause de sa femme Marguerite fille de Jean de Harange (Hans de Heringen). (Analyse. Invent. des titres de la chancellerie de Vic en 1634, T. 70. Bibl. imp. St-Germ. fr. 1119, f° 193.)

LVII. — 1507. 12 Juin. Compte de la pêche de l'étang qui est derrière le château (d'Albestroff). (Analyse. Invent. de 1793 des titres d'Albestroff n° 26. Arch. de la Meurthe.)

LVIII. — 1507. 14 juin. Arbitrage pour des pâturages, entre les communautés d'Albestroff et d'Insming. (Texte allem. Original parch. Arch. de la Meurthe, fonds d'Albestroff n° 11.)

LIX. — 1511. 8 novembre. Lettres de châtelain et receveur d'Albestroff, pour Henri de Harauge (Heringen). (Analyse. Invent. des titres de la chancellerie de Vic en 1634, II. 43. Bibl. imp. St-Germ. fr. 1119, f° 408.)

LX. — 1511. 8 novembre. Réversales données à Henri de Bourbon pour l'office de châtelain (sic). (Analyse. Invent. de 1793 des titres d'Albestroff, n° 28. Arch. de la Meurthe.)

LXI. — 1526. Samedi après la Conversion de St Paul (26 janv. 1527, nouv. style). Dénombrement fourni à l'évêque de Metz par George de la Laye pour les fiefs qu'ils tient de l'évêché, savoir : divers cens, rentes, etc., 15 flor. de rente sur Albestroff, etc. (Analyse. Invent. des titres de la chancellerie de Vic en 1634, T. 77. Bibl. imp. St-Germ. fr. 1119, f° 196.)

LXII. — Vers 1551. Trois pièces relatives aux demandes de l'évêque de Metz, touchant la revendication du château (d'Albestroff?). (Analyse. Invent. de 1793 des titres d'Albestroff n° 29. Arch. de la Meurthe.)

LXIII. — 1556. 12 octobre. Ordre de payer à Christophe Moreau, argentier de Mgr le card^l de Lénoncourt, 102^l 19^s 2^d tourn. pour la façon de deux arquebuses et affûts qui sont à Vic et à Albestroff, suivant compte fait le 12 d'octob. 1556, signé de Mr de Salcède, bailli de l'évêché, avec la quittance du dit Moreau. (Extrait des comptes du trésorier de l'évêché de Metz, 1556-1557. Bibl. imp. Coll. Lorr. vol. 521.)

LXIV. — 1564. 25 mars. Charles, cardinal de Lorraine, administrateur du temporel de l'évêché de Metz, institue Jaspart de Rommecourt, écuyer, s^r de Puislecourt, capitaine de ses château, terre, seigneurie et châtellenie d'Albestroff. (Texte fr. Copie du XVIIe siècle. Bibl. imp. St-Germ. fr. 1073 f° 85.)

LXV. — 1564. 5 septembre. Règlement fait par Charles, cardinal de Lorraine, administrateur du temporel de l'évêché de Metz, touchant les redevances, services et corvées dûs par les habitants d'Albestroff, pour mettre fin aux difficultés existant entre ces derniers et son châtelain. (Texte fr. Copie authent. du XVIIe s. papier. Arch. de la Meurthe, fonds d'Albestroff n° 12.)

LXVI. — 1570-1571-1572. Pièces concernant les dîmes et les revenus de la cure d'Albestroff. (Texte fr. Originaux papier. Arch. de la Meurthe, fonds d'Albestroff n° 13.)

LXVII. — 1571. État des pertes pour lesquelles l'admodiateur d'Albestroff demande une réduction. (Analyse. Invent. de 1793 des titres d'Albestroff n° 31. Arch. de la Meurthe.)

LXVIII. — 1578. Pièces concernant les dîmes et les revenus de la cure d'Albestroff. (Analyse. Ibid. n° 32.)

LXIX. — Vers 1579. Requête de l'admodiateur à l'effet d'obtenir une réduction. (Analyse. Ibid. n° 33.)

LXX. — 1588. 22 juin. Lettres réversales et obligatoires données à Charles, cardinal de Lorraine, évêque de Metz, par George Gaillard, châtelain d'Albestroff, pour l'admodiation des revenus de la châtellenie. (Analyse. Invent. des titres de la chancellerie de Vic en 1634, N. 57. Bibl. imp. St-Germ. fr. 1119, f° 158.)

LXXI. — 1590. Lettres relatives aux exemptions accordées aux sujets du val de Guéblange, touchant la redevance de 40 flor. pour la garde du château d'Albestroff. (Texte fr. Originaux. Arch. de la Moselle, fonds de l'évêché de Metz n° 111.)

LXXII. — 1598. Extrait, concernant Albestroff et sa châtellenie, du rôle dressé pour la contribution impériale, jetée en 1598 sur le temporel de l'évêché de Metz. (Texte fr. Original papier. Bibl. de Metz. Mss. hist. 156, f° 9.)

LXXIII. — 1599. 4 février. Lettres réversales et obligatoires données à Charles, cardinal de Lorraine, évêque de Metz, par d^{elle} Diane de Beaufort, veuve de feu noble homme George Gaillard, châtelain d'Albestroff, en son nom et au nom de George Gaillard, son fils, pour l'admodiation des revenus de la châtellenie d'Albestroff, à eux passée le 31 janvier 1596 moyennant une redevance annuelle de 5600 fr. lorr. (Texte fr. Original parch. Arch. de la Meurthe, fonds d'Albestroff n° 14.)

LXXIV. — Vers 1600. État des rentes de la châtellenie d'Albestroff. (Texte fr. Original papier. Ibid. n° 15.)

LXXV. — Vers 1600. Etat abrégé des rentes de la châtellenie d'Albestroff. (Texte fr. Original papier. Ibid. n° 16.)

LXXVI. — 1604. 16 février. Lettres réversales données à Charles, cardinal de Lorraine, évêque de Metz, par noble Balthazar Royer (ou Rouyer ?), conseiller en son conseil privé, et à son épouse, pour l'acensement de terres vagues situées au lieu de la Valleracht, présentement dit Ste-Marie, à une demi-lieue d'Albestroff, où ils fondent la maison franche dite de la Vallerade. (Texte fr. Original parch. Ibid. n° 93.)

LXXVII. — Vers 1605. Pied-terrier de la châtellenie d'Albestroff. (Analyse. Invent. de 1793 des titres d'Albestroff n° 38. Arch. de la Meurthe.)

LXXVIII. — 1606. Rapport des députés d'Albestroff sur l'étendue des bois. (Texte fr. Original. Arch. de la Moselle, fonds de l'évêché de Metz n° 149.)

LXXIX. — 1608. 28 février. Certificat du procureur-fiscal-général touchant les amendes échues. (Analyse. Invent. de 1793 des titres d'Albestroff n° 39. Arch. de la Meurthe.)

LXXX. — 1609. 24 novembre. Lettres réversales données au cardinal de Givry, évêque de Metz, par Didier Fassenet dit le capitaine Lanoue, Jean Bouvier et consorts, pour l'acensement de 1154 arpents de bois dans la forêt, dite

Hampatte, où ils fondent le village de Givricourt. (Texte fr. Original parch. Arch. de la Meurthe, fonds d'Albestroff n° 70.)

LXXXI. — 1612. 8 décembre. Pièce concernant les parties casuelles ou amendes échues (sic). (Analyse. Invent. de 1793 des titres d'Albestroff n° 40. Arch. de la Meurthe.)

LXXXII. — 1613. Pièces concernant la Vallerade. (Texte fr. Originaux papier. Arch. de la Meurthe, fonds d'Albestroff n°s 94, 95.)

LXXXIII. — 1614. 8 mars. Etat des réparations faites à Albestroff. (Analyse. Invent. de 1793 des titres d'Albestroff n° 41. Arch. de la Meurthe.)

LXXXIV. — 1619. 28 février. Lettres d'institution d'un sergent à Albestroff. (Analyse. Ibid. n° 44.)

LXXXV. — 1619-1760. Pièces diverses concernant Givricourt, Kirwiller la Vallerade. (Texte fr. et allem. Originaux pap. et parch. Arch. de la Meurthe, fonds d'Albestroff n°s 71 à 92.)

LXXXVI. — 1621. 8 juillet. Lettres réversales et obligatoires données à N¹ᵃˢ Coëffeteau, évêque de Dardanie, administrateur de l'évêché de Metz, par George Gaillard écuyer, capitaine et châtelain d'Albestroff, pour l'admodiation des revenus de la châtellenie d'Albestroff pendant 9 années, à partir du 1ᵉʳ janvier 1619, moyennant une redevance annuelle de 7700 fr. lorr. (Texte fr. Original parch. Ibid. n° 17.)

LXXXVII. — 1622. 26 octobre. Requête des habitants d'Albestroff pour la suppression du four banal moyennant paiement d'une redevance annuelle de 200 fr.. (Texte fr. Original pap. Ibid. n° 18.)

LXXXVIII. — 1625. Etat de la châtellenie d'Albestroff d'après une description du bailliage de Vic donnée aux commissaires du roi en 1625. (Texte fr. Original pap. Bibl. Imp. St-Germ. fr. 1086, f° 260.)

LXXXIX. — 1630. 25 novembre. Compte du châtelain d'Albestroff touchant les grains fournis pour l'entretien des gens de guerre. (Analyse. Invent. de 1793 des titres d'Albestroff n° 58. Arch. de la Meurthe.)

XC. — 1634. Etat de la châtellenie d'Albestroff d'après une description de l'évêché de Metz datée du 5 janvier 1634. (Texte fr. Original papier. Bibl. de Metz. Mss. hist. 164, p. 41.)

XCI. — 1637. 23 décembre. Etat détaillé de la situation à laquelle se trouvent réduits Albestroff et les villages de la châtellenie après les ravages de la campagne de 1637, dressé par le sʳ Bietscher châtelain d'Albestroff. (Texte fr. Original pap. Arch. de la Meurthe, fonds d'Albestroff n° 19.) (Impr. ci-dessus, page 62, note 1.)

XCII. — 1638. 19 janvier. Arrêté du compte du châtelain. (Analyse. Invent. de 1793 des titres d'Albestroff n° 60. Arch. de la Meurthe.)

XCIII. — 1640. 27 janvier. Assignation à la veuve du châtelain pour la reddition de ses comptes. (Analyse. Ibid. n° 61.)

XCIV. — 1642. Avis du sʳ Bietscher, châtelain d'Albestroff, sur une demande de décharge faite par les habitants d'Albestroff. (Texte fr. Original pap. Arch. de la Meurthe, fonds d'Albestroff n° 20.)

XCV. — 1644. 20 juillet. Arrêt du conseil privé de l'évèque de Metz, supprimant le four banal d'Albestroff moyennant une redevance annuelle de 4 fr. barr. par manse. (Texte fr. Original pap. Ibid. n° 21.)

XCVI. — 1645. 9 janvier. Mandement touchant la levée annuelle de 50 fr. pour le droit de refuge au château d'Albestroff. (Analyse. Invent. de 1793 des titres d'Albestroff n° 63. Arch. de la Meurthe.)

XCVII. — 1645. 4 décembre. Requête des habitants d'Albestroff contre le sʳ Bietscher leur châtelain. (Texte fr. Original. pap. Arch. de la Meurthe, fonds d'Albestroff n° 22.)

XCVIII. — 1648. 13 février. Pièces du procès intenté par les habitants d'Albestroff contre le sʳ Bietscher leur châtelain. (Texte fr. Originaux. Ibid. n° 23.)

XCIX. — 1649. 6 novembre. Admodiation des revenus de la châtellenie d'Albestroff pour 6 ans, à noble Joseph Busselot, moyennant une redevance annuelle de 1800 fr. lorr. (Texte fr. Original parch. Ibid. n° 24.)

C. — 1651. Conditions de l'admodiation des revenus de la châtellenie d'Albestroff pour 1651. (Texte fr. Original pap. Ibid. n° 25.)

CI. — 1656. Conditions de l'admodiation des revenus de la châtellenie d'Albestroff pour 1657. (Texte fr. Original papier. Ibid. n° 26.)

CII. — 1657. 13 février. Admodiation des revenus de la châtellenie d'Albestroff pour 3 ans à noble Joseph Busselot, sʳ du Dordal, moyennant une redevance annuelle de 1100 fr. lorr. (Texte fr. Original papier. Ibid. n° 27.)

CIII. — 1663. 23 septembre. Admodiation des revenus de la châtellenie d'Albestroff pour 6 ans à André la Combe, moyennant une redevance annuelle de 2100 fr. barr. (Texte fr. Copie de 1668, pap. Ibid. n° 28.)

CIV. — 1664. Etat de la châtellenie d'Albestroff d'après le procès-verbal d'inventaire des archives de l'évèché de Metz par les commissaires du roi, le 17 mars 1664. (Texte fr. Original papier. Bibl. imp. Coll. Lorr. vol. 724, f° 237.)

CV. — 1670. 29 mars. Admodiation des revenus de la châtellenie d'Albestroff à J. N. Crause et J. Crause, châtelains dudit Albestroff, moyennant une redevance annuelle de 2800 fr. barr., avec plusieurs pièces relatives à une procédure contre lesdits châtelains d'Albestroff. (Texte fr. Originaux papier et parch. Arch. de la Meurthe, fonds d'Albestroff n° 29.)

CVI. — 1671-1672. Procédures dirigées au nom de l'évèque de Metz contre le sr André la Combe, châtelain d'Albestroff. (Texte fr. Originaux et copies. Ibid. n° 30.)

CVII. — 1672. Trois pièces relatives à l'obligation imposée aux habitants d'Hellimer de contribuer aux réparations du château de l'évêque de Metz à Albestroff. (Texte fr. Originaux. Arch. de la Moselle, fonds de l'évêché de Metz n° 275.)

CVIII. — 1673. Extrait du pied-terrier de la châtellenie d'Albestroff concernant Hellimer. (Texte fr. Original pap. Ibid. n° 276.)

CIX. — 1693. 11 juillet. Admodiation des revenus de la châtellenie d'Albestroff à Claude Godefroy, châtelain dudit Albestroff, moyennant une redevance annuelle de 2200 livres. (Texte fr. Copie du temps, pap. Arch. de la Meurthe, fonds d'Albestroff n° 31.)

CX. — 1698. 22 octobre. Etat des maisons de la châtellenie d'Albestroff, dressé pour le paiement des cens dûs à l'évêque de Metz. (Texte fr. Original, cahier de papier. Ibid. n° 32.)

CXI. — Vers 1700. Etat de la châtellenie d'Albestroff, d'après une note relative aux échanges de territoires entre la France et la Lorraine. (Texte fr. Original pap. Bibl. imp. Coll. Lorr. vol. 104.)

CXII. — 1702. 1er juillet. Extrait du pied-terrier de la châtellenie d'Albestroff, pour montrer que les habitants des villages qui en dépendent doivent la garde au château d'Albestroff. (Texte fr. Original papier. Arch. de la Meurthe, fonds d'Albestroff n° 33.)

CXIII. — 1707. 19 janvier. Arrêt du parlement de Metz et procédures pour obliger les habitants d'Albestroff à payer une certaine redevance pour la pâture des porcs. (Texte fr. Originaux. Ibid. n° 34.)

CXIV. — 1718. 4 février. Requête d'un bourgeois d'Albestroff à l'effet d'obtenir une place pour y bâtir. (Texte fr. Original pap. Ibid. n° 35.)

CXV. — 1722. Plan des bois à exploiter pour la saline de Moyenvic sur le territoire d'Albestroff et autres. (Original pap. Arch. de la Moselle, fonds de l'évêché de Metz n° 377.)

CXVI. — 1723. Arrêt du parlement de Metz au profit du domaine de l'évêché et procédures contre Claude Godefroy et Charles Pallot, châtelains d'Albestroff. (Texte fr. Originaux pap. Arch. de la Meurthe, fonds d'Albestroff n° 36.)

CXVII. — 1728. 7 octobre. Pied-terrier général de la châtellenie d'Albestroff avec un extrait dudit pied-terrier. (Texte fr. Original gros cahier pap. Ibid. nos 37 et 38.)

CXVIII. — 1730. Plan des bois d'Albestroff et lieux voisins. (Original pap. Arch. de la Moselle, fonds de l'évêché de Metz n° 392.)

CXIX. — 1731. 1er mai. Arrêt du conseil d'état relatif à l'aménagement des bois d'Albestroff. (Texte fr. Original papier. Ibid. n° 394.)

CXX. — vers 1733. Mémoire relatif aux bois d'Albestroff. (Texte fr. Copie papier. Arch. de la Meurthe, fonds d'Albestroff n° 40.)

CXXI. — vers 1734. Etat des cens dûs à l'évêque de Metz dans la châtellenie d'Albestroff. (Texte fr. Original papier. Ibid. n° 41.)

CXXII. — 1735. 26 janvier. Admodiation des château et maison seigneuriale d'Albestroff et de leurs dépendances à Jean Dieudonné Rodhain, laboureur, moyennant une redevance annuelle de 6360 liv. de France plus 130 paires de quartes de grains. (Texte fr. Original papier. Ibid. n° 42.)

CXXIII. — 1735. 7 Juin. Procédure à l'occasion d'un dommage causé par un troupeau dans le breuil d'Albestroff. (Texte fr. Original papier. Ibid. n° 43.)

CXXIV. — 1735. Juillet. Procédures diverses pour le domaine de l'évêché à Albestroff. (Texte fr. Originaux et copies papier. Ibid. n°s 44 à 49.)

CXXV. — 1735. 14 juillet. Bail du droit de troupeau à part, au profit de Jean Dieudonné Rodhain. (Texte fr. Original papier. Ibid. n° 50.)

CXXVI. — 1735. Août. Procédures diverses pour le domaine de l'évêché à Albestroff. (Texte fr. Originaux et copies papier. Ibid. n°s 51 et 52.)

CXXVII. — vers 1735. Observations touchant les cens dûs à Albestroff. (Texte fr. Original pap. Ibid. n° 53.)

CXXVIII. — 1735. Quatre états des biens à affermer, des revenus fixes, et des biens affermés dans la châtellenie d'Albestroff. (Texte fr. Originaux papier. Ibid. n°s 54, 55, 56 et 59.)

CXXIX. — 1735. Etat de la châtellenie d'Albestroff. (Texte fr. Original papier. Ibid. n° 57.)

CXXX. — 1736. Etat de la châtellenie d'Albestroff. (Texte fr. Original papier. Ibid. n° 58.)

CXXXI. — 1736. Pièces touchant les corvées dues au château d'Albestroff par les habitants du val de Guéblange. (Texte fr. Originaux pap. Arch. de la Moselle, fonds de l'évêché de Metz n° 418.)

CXXXII. — 1737. Procédures diverses pour le domaine de l'évêché à Albestroff. (Texte fr. Originaux et copies pap. Arch. de la Meurthe, fonds d'Albestroff n°s 60, 61, 62.)

CXXXIII. — 1740-1741. Procédures contre Jean Dieudonné Rodhain, admodiateur d'Albestroff. (Texte fr. Originaux pap. Ibid. n° 63.)

CXXXIV. — vers 1740. Requête des habitants d'Albestroff touchant les terres défrichées. (Texte fr. Original papier. Ibid. n° 64.)

CXXXV. — vers 1740. Pièce concernant la Vallerade près Albestroff. (Texte fr. Original papier. Ibid. n° 96.)

CXXXVI. — 1742. 4 mai. Arpentages sur le ban d'Albestroff. (Texte fr. Original, cahier pap. Ibid. n° 65.)

CXXXVII. — 1744. Etat des biens et revenus de la châtellenie d'Albestroff. (Texte fr. Original, cahier pap. Ibid. n° 66.)

CXXXVIII. — 1744. Plan du bois d'Albestroff dans la forêt de Milwald. (Original papier. Arch. de la Moselle, fonds de l'évêché de Metz n° 469.)

CXXXIX. — 1744. Requête des habitants d'Albestroff au procureur-général de l'évêché, touchant leurs droits d'usage dans les bois du lieu. (Texte fr. Originaux pap. Ibid. n° 476.)

CXL. — 1745. 20 janvier. Admodiation du château d'Albestroff et de ses dépendances (droit de troupeau à part, métairie, prés, moulins, étangs, gabelle dans les 7 villages du val de Guéblange, droit de ban-vin à Albestroff, droits de la chapelle Ste-Anne, droits d'hôtellerie et de foire dépendant de la dite chapelle, et autres, conformément au bail du 26 janvier 1735). à Humbert Nicolas et François les Rodhain (sic), fils de Jean Dieudonné Rodhain, moyennant une redevance annuelle de 3960 livres, au cours de France, plus 180 paires de quartes de grains. (Texte fr. Original papier. Arch. de la Meurthe, fonds d'Albestroff n° 67.)

CXLI. — 1750. Etat de la châtellenie d'Albestroff. Les étangs et moulins admodiés aux Rodhain pour 5200 livres ; une autre partie à Charles Stocker pour 250 paires de quartes de grains, estimées 8 livr. la paire ; le reste à divers. (Texte fr. Originaux papier. Ibid. n°^{s} 68-69.)

CXLII. — 1755. Lettre touchant la pratique de la glandée dans la châtellenie d'Albestroff, etc. (Texte fr. Original papier. Arch. de la Moselle, fonds de l'évêché de Metz n° 552.)

CXLIII. — 1755. Etat de la châtellenie d'Albestroff, mentionnant les services dûs par les habitants, et les redevances payées par eux pour se rédimer des corvées et de la garde du château. (Extrait imprimé dans les Communes de la Meurthe par M. Lepage. Nancy, 1853-54, in-4°.)

CXLIV. — 1756. 6 avril. Signification à l'évêque de Metz d'un arrêt du conseil d'état, touchant les droits de passage et de péage. (Analyse. Invent. de 1793 des titres d'Albestroff, n° 170. Arch. de la Meurthe.)

CXLV. — 1770. Contestations entre l'évêché et le s^r Bohn au sujet de divers terrains à Albestroff (Texte fr. Originaux papier. Arch. de la Moselle, fonds de l'évêché de Metz n° 571.)

CXLVI. — 1775. Arpentage des coupes de bois de la châtellenie d'Albestroff. (Originaux. Ibid. n° 576.)

FIN.